中公新書 1798

西村賀子著

ギリシア神話

神々と英雄に出会う

中央公論新社刊

はじめに――ギリシア神話へのいざない

「ギリシア神話ってなんとなくおもしろいですよね、結構好きなんです。でも、やたらカタカナの名前が出てくるから、神話の本って、読むの面倒なんですよね」という方に出会うことがある。

こういう出会いは嬉《うれ》しい。世の中はあまりにも忙しく、儲かる話や直接役に立つことにばかり目が向きがちな時代である。それなのに、異国の大昔の物語に興味を寄せる方々も少なくない。このような方々のために、なるべくカタカナが少なく、登場人物の関係や話の筋がわかりやすいギリシア神話の本があればいいと考えた。

ギリシア神話は迷路である。あちこちにわき道があるうえ、いたる所でこんがらがっている。いったいいつになったら出口が見えるのか、いや、そもそも出口というものがあるかどうかさえわからない。英雄テセウスは、彼を慕う王女アリアドネから糸玉をもらい、迷路の奥に棲《す》む怪物を倒し、その糸玉に導かれてようやく脱出した。このような迷路であるギリシア神話の奥に潜むのは、ひょっとしたら「人間」という不可思議な存在そのものかもしれない。

本書が、神話の森の迷路を気楽に散策するための道案内として、少しでもお役に立てれば幸いである。案内人にはやや方向音痴なところがあるので、わき道にそれたり、道に迷ったり、気に入った箇所でしばし立ち止まったり、というようなことも多々あるだろう。

しかし、神話の魅力を存分に味わうためには、そういう彷徨《ほうこう》も必要ではないだろうか。まずはこの森に足を踏み入れ、じっくり眺め、手で触れ、木の香をかぐ。こうして、どこへ行くというあてもなく、ギリシア神話という深い豊かな森をゆっくりと散歩するうち、そこに「あなた自身」を発見することがあるかもしれない。

散歩の途中で疲れると、座り心地のよいベンチがほしくなる。そこで、近世と近代の絵画、そして古代の陶器画の図版をできるだけ挿入することにした。古代はもちろん、ルネサンス以降にも、芸術家たちはギリシア神話に触発されて数多くの名画を生み出してきた。その例をいくつかご覧いただきたいと思い、できるだけ多様な時代のさまざまな画家の作品を選んだ。

最後に、ギリシア語の表記についてひと言、お断わりしておかなければならない。ギリシア語の単語については、一般にあまりなじみのないギリシア文字を使うのを避け、ローマ字式に表記することにした。また人名や地名の日本語表記は、音の長短を正確に記すと煩瑣《はんさ》になるため、長音のところも短音で表記した。ただし、ムーサやテーバイ、ラオコーンのようにすでに一般に定着しているものについては、慣例になっているものを用いた。

目次

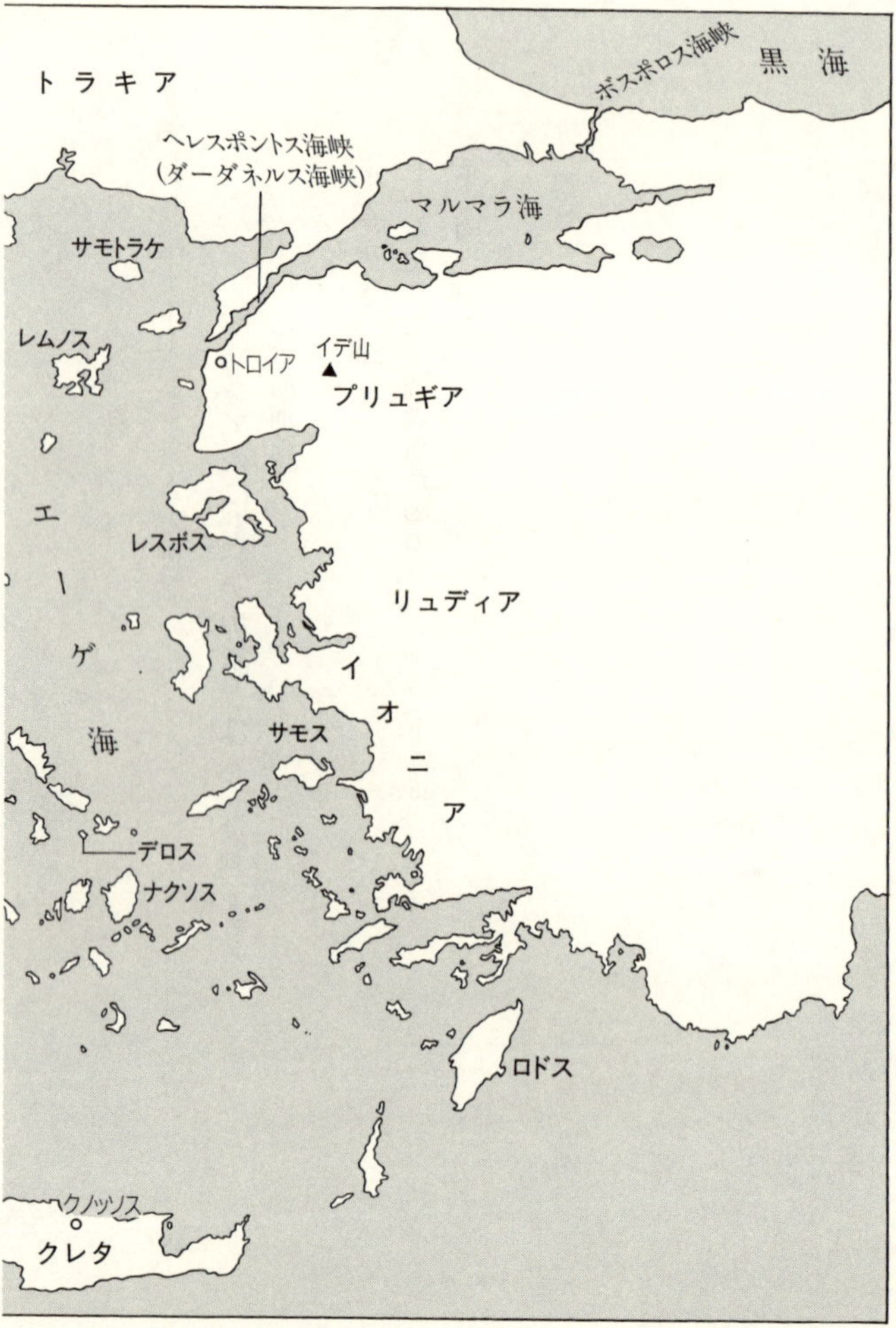

トラキア
ボスポロス海峡
黒海
ヘレスポントス海峡
(ダーダネルス海峡)
マルマラ海
サモトラケ
レムノス
トロイア
イデ山
プリュギア
エーゲ海
レスボス
リュディア
イオニア
サモス
デロス
ナクソス
ロドス
クノッソス
クレタ

マケドニア
オリュンポス山
オッサ山
ペリオン山
ドドナ
テッサリア
オイテ山
イオニア海
アイトリア
パルナッソス山
ポキス
アウリス
イタカ
カリュドン
デルポイ
ボイオティア
テーバイ
マラトン
アッティカ
エリュマントス山
エレウシス
エリス
コリントス
アテナイ
アルカディア
ネメア
ミュケナイ
オリュンピア
ピサ
アルゴス
アルゴリス
ペロポンネソス半島
スパルタ
セリポス
ラコニア
メロス
地中海
0
200km

古代ギリシア関連図

ギリシア神話

序章　身近に息づくギリシア神話

《エウロペの掠奪》ティツィアーノ、1559−62年
（ボストン、イザベラ・スチュアート・ガードナー美術館蔵）

ガリレオ衛星

ギリシア神話ができたのは、はるか遠い昔のことである。しかし今でも、ギリシア神話は意外なところでわたしたちの身のまわりに息づいている。たとえば、晴れた夜空。見上げれば、星座は神話の宝庫である。星にまつわる伝説は第六章で詳しく述べるが、身近な神話の一例として、まず木星を取り上げてみよう。

木星は太陽系の中で飛びぬけて大きい惑星である。この事実を知っていたのだろうか、古代の人々が木星につけた名は最高神ゼウスであった。その英語名ジュピター（Jupiter）は、ゼウスのローマでの名称ユッピテル（Juppiter）に由来する。

木星にはおもな衛星が一六ある。それらはすべてルネサンス時代以降に発見され、ギリシア神話に由来する名称を与えられた。ここでは特に、一六一〇年にガリレオ・ガリレイとシモン・マリウスが別個に発見した四つの大きな衛星に注目しよう。ガリレオはパトロンのコジモ・デ・メディチに敬意を表してメディチ衛星という総称を主張したが、結局マリウスの提案どおり、ガリレオ衛星と呼ばれるようになった。そのガリレオ衛星を構成する四つの星の名はイオ、エウロペ、カリスト、ガニメデで、いずれもギリシア神話の主神ゼウスが愛した女性たちや少年にちなむ命名である。

イオ、エウロペ、カリスト、ガニメデ

四つの衛星のうち、ガリレオが最初に発見したのはイオであった。神話上のイオはアルゴス地方の河の神の娘で、女神ヘラに仕える巫女《みこ》である。ゼウスは名うての色好みで、あるときたまたまイオがそのお眼鏡にかなった。しかしこの情事はほどなくゼウスの正妻ヘラに露顕し、浮気をつくろうためにゼウスが、あるいはやきもち焼きのヘラが腹いせに、イオの体を牝牛《めうし》に変える。ヘラが送ったアブに追われるようにして、牛の姿のイオはあちこちをさまよい歩く。イオが駆け抜けた入り江はイオニア海と呼ばれ、通過した海峡は、牛の彷徨《ほうこう》の物語にちなんでボスポロス(牝牛の渡し)と呼ばれる。

二番目に発見されたガリレオ衛星は、ヨーロッパの語源になったエウロペである。フェニキアの王女エウロペを誘惑するために、ゼウスは自分の姿を白い牡牛《おうし》に変える。海辺で侍女たちと遊んでいたエウロペは、この穏やかで美しい牡牛に魅了され、戯れているうちにその背にまたがった。そのとたん、牛は猛烈な勢いで海を渡り始め、エウロペをクレタ島まで連れ去った。白い牛にさらわれていくエウロペの姿は、たとえばこの章の扉絵のように、ルネサンス以降の多くの画家によってキャンバスに描かれた。

木星の衛星で二番目に大きいカリストは、ギリシア神話では大熊座に変じた乙女である。処女神アルテミスに仕えるカリストの目を欺くために、ゼウスは女神の姿で彼女を誘惑して

《ガニメデ》コレッジオ、1530年頃（ウィーン、ウィーン美術史美術館蔵）

身ごもらせた。やがて月日が経ち、アルテミスと侍女たちが水浴びをしていたとき、ついに妊娠の事実が発覚する。純潔を尊ぶ女神アルテミスの怒りによって、あるいはゼウスの妃ヘラの嫉妬《しっと》によって、カリストはクマに変えられて森をさまよった。彼女が生んだ息子のアルカスは成長して猟師になったが、あるとき森でクマを見つけると、それが生みの母と知る由もなく、狩りの獲物にねらいを定めた。そのとき、ゼウスは母子を憐《あわ》れんで二人を星に変えた。母親のカリストは大熊座となり、息子のアルカスは牛飼い座の星のアルクトゥロスになったという。

一方、木星の衛星で最も大きいガニメデは、神話ではガニュメデスという名の美少年である。第七章で扱うトロイア伝説の舞台となったトロイアの名はこの都市の王トロスに由来し、ガニュメデスはトロスの息子であった。この少年の美しさに魅せられたゼウスはワシに変身して彼を天上までさらい、専属のお酌係として侍《はべ》らせた。コレッジオ（図参照）やレンブラント、そしてミケランジェロも、巨大なワシの姿のゼウスが愛らしい少年を連れ去る場面を描いている。

古代の神話と現代の最先端科学技術

ギリシア神話にゆかりのある名は木星に限らない。木星以外の太陽系の惑星や、個々の惑星の衛星も、そのほとんどすべてがギリシア神話から命名されている。ただ例外的に天王星の衛星の名称だけは、シェイクスピアとポープの作品の登場人物に由来する。たとえば、天王星の最大の衛星はティタニア、その次に大きい衛星はオベロンで、いずれもシェイクスピアの『夏の夜の夢』に登場する妖精《ようせい》の女王と王の名である。そのほかにも、『ヴェニスの商人』のポーシャ、『ハムレット』のオフィーリア、『ロミオとジュリエット』のジュリエットなど、シェイクスピア劇でおなじみの名前の衛星によって天王星はとり巻かれている。

ギリシア神話起源の名称は、天王星以外の太陽系惑星と衛星をおおっている。しかしギリシア神話に起源を持つ名前が採用されたのは、後代に発見された天体だけではない。最先端科学にも古代の神話は名残をとどめている。その好例は宇宙船や探査機で、たとえば人類初の有人月面着陸を果たした宇宙船アポロは、周知のとおり、ギリシアの神アポロンにちなむ。金星の地図作成に関わった探査機パイオニア・ヴィーナス号は、金星の名でもあった美の女神アプロディテ（英語でヴィーナス）に由来する。

また、一九九〇年の打ち上げ以来ずっと太陽を極軌道上から観測している探査機ユリシーズ（Ulysses）の名称は、オデュッセウスにさかのぼる。古代ギリシアの叙事詩『オデュッセイア』の主人公オデュッセウスは、ラテン語で方言形のウリクセス（Ulixes）になり、ルネサンス時代になると人文主義者たちがもとのギリシア語に近いウリセス（Ulysses）に変え、さらに一七世紀以降、英語に借用されてユリシーズになった。ウリセスと聞けば、昆虫マニアなら、オーストラリアやインドネシアに棲息《せいそく》するオオルリアゲハ（学名パピリオ・ウリセス・ウリセス）を連想するだろう。あるいはユリシーズからは、二〇世紀の代表的小説であるジェイムズ・ジョイスの『ユリシーズ』（一九二二年）が想起されるかもしれない。

天空だけではなく地上でも、現代の最先端テクノロジーに古代ギリシアの伝説が反映されている。最も身近なハイテクでギリシア神話にちなむ名が見られるのは自動車で、その代表は一九九四年に誕生したホンダの「オデッセイ」である。このネーミングは、先に言及した『オデュッセイア』の英語での題名のOdysseyに由来する。その主人公は一〇年の漂流の後に妻と再会したが、車の「オデッセイ」のほうは誕生から一〇年後に、やはり神話起源の名を持つ仲間の「エリシオン」を見いだした。この車名はギリシア神話の極楽浄土エリュシオンに由来する。ホンダのホームページによれば、極上の走りと快適なドライブという開発コンセプトを体現するものとして、古代ギリシアのパラダイスがこのミニバンの名に選ばれたという。

音楽とギリシア神話

哲学者プラトン（前四二七―前三四七）が音楽を教育課程に入れたように、古代ギリシア文化における音楽の比重は大きく、音楽関係の近代語にもギリシアの神話や言葉に由来するものが多い。そもそも英語の music やドイツ語の Musik あるいはフランス語の musique など、近代ヨーロッパ諸語における音楽という言葉は、ギリシア神話の女神ムーサ（Mousa）に由来する。ムーサは九柱《はしら》からなり、音楽だけではなく詩歌や舞踏、演劇、哲学、歴史、天文など芸術・学問全般をつかさどる女神たちである。そしてムーサの神殿を意味するギリシア語の mouseion がラテン語で museum となり、さらにそれが近代の美術館、博物館になった。

オペラもその起源をたどると、古代ギリシアにさかのぼる。オペラの語源はラテン語の opera（作品）で、その単数形 opus は楽曲の作品番号を示す op. として今も用いられている。オペラという芸術形態が産声をあげたのはルネサンス時代のフィレンツェで、一六世紀の終わり頃、カメラータ（同志）と呼ばれるグループがオペラを生み出した。カメラータのメン

《アポロとダフネ》ポライウォーロ、1480年頃（ロンドン、ナショナル・ギャラリー蔵）

バーには、ガリレオ衛星の発見者ガリレオの父ヴィンチェンツィオ・ガリレイも含まれていた。

ビゼーの『カルメン』（一八七五年）やヴェルディの『椿姫』（一八五三年）のように今日よく上演されるオペラを見る限りでは、神話と歌劇には何の関係もないように見えるが、揺籃《ようらん》期のオペラは例外なくギリシア神話に題材を求めた。それもそのはず、カメラータはギリシア悲劇の忠実な再現を目指していた。古代の悲劇はギリシア神話を素材にしていたので、このグループのメンバーがギリシア神話に基づいてオペラを創作しようとしたのは、当然のなりゆきであった。

最古のオペラは、一五九四年初演のプロローグ付き一幕物の『ダフネ』である。カメラータに属するオッタヴィオ・リヌッチーニがその台本を書き、ヤコポ・ペーリが曲をつけた。『ダフネ』の基になったのは、ローマの詩人オウィディウス（前四三－後一七頃）の『変身物語』第一巻の中のエピソードである。ギリシア神話の神アポロンが河の神の娘ダプネに恋心を寄せたが、少女は神の求愛を斥《しりぞ》けて懸命に逃げた。ついにダプネが父親の河の神に助けを求めると、彼女の体はたちまち月桂樹に変身した。この話は、多くの彫刻家や画家や詩人たちに芸術的霊感を吹きこんだ。前ページの絵はその一例である。

オルペウス

史上初のオペラ『ダフネ』は好評を博して何度か再演を重ねたが、現在ではわずかな断片しか残っていない。一方、最古のオペラのうち、散逸をまぬがれて現在も保存されているのは『エウリディーチェ』(一六〇〇年)である。この作品はメディチ家公女マリアとフランス王アンリ四世の婚礼を祝うために、フィレンツェのピッティ宮殿で初演された。その台本と作曲を担当したのは、『ダフネ』でコンビを組んだオッタヴィオ・リヌッチーニとヤコポ・ペーリであり、作曲にはさらに、初期バロック・オペラの確立者ジュリオ・カッチーニも加わった。

この祝婚行事に参列して『エウリディーチェ』の成功を目のあたりにしたマントヴァ公ヴィンチェンツィオ・ゴンザーガは、自分の宮殿でもオペラを上演したいと望んだ。そして、当時マントヴァの宮廷で指導的な役割を担っていたクラウディオ・モンテヴェルディに作曲を命じ、一六〇七年に『オルフェーオ』が披露された。『オルフェーオ』は先の『エウリデ

《春：オルペウスとエウリュディケ》
ドラクロワ、1836年（サンパウロ、サンパウロ美術館蔵）

ィーチェ』と同一テーマを扱うオペラであるが、それをしのぐほどの好評を博した。『エウリディーチェ』も『オルフェーオ』も、その題材はもちろんギリシア神話である。オルフェーオとは、ギリシア神話の天才的音楽家オルペウスで、音楽の神アポロンから授けられた竪琴《たてごと》を巧みに奏で、彼の歌には獣も山川草木《さんせんそうもく》も心酔した。エウリディーチェはその妻で、ギリシアではエウリュディケと呼ばれている。

　これらの揺籃期のオペラのプロットを構成するのは、次のような神話である。エウリュディケは婚礼当日に、蛇に咬まれて命を落とした。オルペウスは新妻の不慮の死を深く嘆き、愛する者を奪い返すために黄泉《よみ》の国まで降りていく。死者が蘇《よみがえ》ることはありえない。しかし妻を慕うオルペウスは、音楽の力で冥府《めいふ》の王の心を揺さぶり、エウリュディケを地上に戻すという異例の許可を受けた。ただし、一つだけ条件がつけられた。それは、地上に出るまでは決して後ろを振り向いてはならないということであった。ところが、あと一歩で地上というところで、オルペウスはふと妻が自分の後をついてきているかどうか不安になり、その姿を確かめようと振り返る。そのために、夫は妻を永遠に亡くしてしまうことになった（右のページの図参照）。

古代の神話では、オルペウスは愛妻を取り戻すことができなかった。しかし、ルネサンス期の新作オペラの上演目的は祝婚であったため、その結末は夫婦愛の勝利に変えられた。

ギリシア神話の定義

以上のように、芸術や学問はもとより、日常生活のさまざまな商品名に至るまで、ギリシア神話の遺産は脈々と受け継がれてきた。ものや人の名に痕跡《こんせき》を残すというような断片的な形であれ、ギリシア神話が今日まで継承されてきたのは驚くべきことである。今はわずか五年や一〇年でさえひと昔前になってしまうほど、変化の激しい時代である。それなのに、ギリシア神話が語られたのは、二五〇〇年以上も前のことなのであるから。

周知のとおり、ルネサンス時代に古典が復興して以来、ギリシア神話は数多くの詩歌や彫刻、絵画、楽曲などに取り上げられてきた。古代はもちろん近世以降も、ギリシア神話から刺激を受けて芸術的な創造を行なった詩人や作家、画家や作曲家たちは枚挙にいとまがない。ギリシア神話は実に多種多様な解釈を包含する。神話の再解釈の産物としての新たな芸術表現へと芸術家たちを駆り立てる懐の深さが、ギリシア神話には備わっているのである。

では、ギリシア神話とはいったい何か。これまで多くの定義が提案されてきたが、万人が納得するような定義はまだない。古典学者のなかにはカークのように、「神話に関してはすべてに妥当する定義、一枚板の理論、すべての問題と不確実性とに応えうる単一の明答などはあり得ない」と断言する人もいるくらいである。しかし、陳腐に聞こえるかもしれないが、古典学の分野ですぐれた業績を残してきたブルケルトやグラーフなどの研究者に倣って「神話とは伝統的な物語である」という的確で簡潔な表現を採用することにする。古代ギリシアでは神話はミュトス（mythos）と呼ばれた。mythos は英語の myth（神話）の語源で、古代には単に「語られた話、物語」であった。その意味でも、「神話とは伝統的な物語である」という定義は古代のミュトスに最も近い。

神話は厳密にいうと、神の物語である。だがギリシア神話には、多くの英雄たちも登場する。ヒーローのもとのギリシア語は「半神」を意味するヘロス（heros）で、英雄には神の血が半分だけ流れている。父親か母親のいずれか一方が神である英雄は、肉体的あるいは精神的な能力が並の人間よりもすぐれている。一種の超人である英雄の物語は厳密には、神話ではなく伝説もしくは英雄伝説と呼ばれる。神を中心とする神話と、英雄が主人公の伝説とは、狭義には区別されるが、一般にはギリシア神話という言葉は、純粋な意味での神話と英雄伝説の両方を含む形で使われているので、本書もその慣例に従うことにする。

ギリシア神話の典拠

神話は古代にも、詩歌や演劇や造形美術の主題になった。神々や英雄の姿は大理石に刻まれ、陶器に頻繁に描かれたが、本書では文学作品をおもな典拠としながらギリシア神話について語ることにする。そこでこの項では、さまざまな物語の典拠となった主要な文学作品を簡単に紹介しておきたい。

ギリシア神話を題材とする最も重要な詩歌はホメロスの『イリアス』と『オデュッセイア』である。この二篇の口誦《こうしょう》叙事詩はトロイア伝説を扱っている（第七章参照）。ホメロスの語った神話や伝説は、詩人の出現以前にすでにある程度まで形成されていた。ホメロスは前八世紀頃の盲目の詩人と伝えられるが、深い霧に包まれていて、その出身地も生没年も正確なところは皆目わからない。彼が歴史的に実在した人物だったのかどうかさえ謎に満ちている。ましてや、この二篇の口誦詩がどのように創造されたか、あるいは記録されるようになったかは、まだ十分に解明されていない。ただし、現在わたしたちが読んでいるような形で『イリアス』と『オデュッセイア』が文字に記されたのは、前六世紀頃のことであろうと推測されている。

一方、第一章で扱う創世神話の典拠は、前八世紀から前七世紀にかけて生きていたと推測される詩人ヘシオドスの『神統記』である。彼の『仕事と日』という教訓叙事詩にも、神話への言及は見いだされる。

オリュンポスの神々のさまざまな逸話は、『ホメロス風讃歌』と総称される詩歌でも語られた。『ホメロス風讃歌』では、ホメロスの叙事詩と同じ韻律が用いられている。古代においてはホメロスがその作者と見なされたが、実際には、現存する三三篇の制作年代は前七世紀から前四世紀にわたっていて、作者が複数であることは明らかである。

ギリシア神話は前七世紀から前六世紀に転換期を迎え、新しい文学ジャンルの擡頭《たいとう》とともにさらなる変容をとげた。その背後には、富の増大や植民活動の活発化、あるいは文字使用の普及など、政治・経済・社会・文化の大きな変化があった。ポリス（都市国家）という新たな政治形態の成立過程で、ステシコロス（前六三二頃－前五五六頃）やピンダロス（前五一八頃－前四三八）などの詩人たちが抒情詩という新しい表現スタイルに新しい時代精神を盛りこむために、伝統的な神話に独自の改変を加えていった。

前五世紀になるとアテナイ（現在のアテネ）で悲劇が最盛期を迎え、アイスキュロス（前五二五／四－前四五六）やソポクレス（前四九六／五－前四〇六）、エウリピデス（前四八五／四－前四〇六頃）などの悲劇詩人たちが神話の標準的な話形を確立した。ギリシア悲劇は数多く創作されたが、現存作品はサテュロス劇を含めて三三篇だけで、そのうちの一六篇の主題はトロイア伝説から採られている。この時期には散文でも神話が記録されるようになり、「歴史の父」ヘロドトス（前四八五頃－前四三〇以降）の『歴史』はギリシアやペルシア、エジプトの伝承を数多く採取している。

前三二三年にアレクサンドロス大王が歿《ぼっ》してヘレニズム時代に入ってからも、ギリシア神話はさらに変貌《へんぼう》し続けた。アルゴ船の冒険談はホメロス以前から語り継がれていた古い伝説の一つであるが、この時代にロドスのアポロニオス（前二九五頃－前二一五頃）がこれを『アルゴナウティカ』の主題として歌った。また、誤ってアポロドロス（前一八〇頃－前一一〇以前）に帰されているが、明らかにもっと後に編纂《へんさん》された『ギリシア神話』は、後代に神話伝説を伝えるうえで有益な典拠となった。そして、ギリシア各地の神殿や遺跡を実見したパウサニアス（後二世紀）の『ギリシア案内記』も、祭祀《さいし》や伝説の宝庫として重要である。

以上の典拠はギリシア語で記されているが、後世への影響という点ではむしろ、ギリシア文化を継承しながらラテン語で詩作をしたローマの詩人たちのほうが重要である。なぜなら、ルネサンス時代の芸術家たちに創作を依頼したパトロンや芸術アドバイザーたちは、おもにラテン語作品を通してギリシア・ローマの神話伝説になじんでいたからである。古典の神話が後世の西欧文化に浸透していくうえで、特にウェルギリウス（前七〇－前一九）の『アエネイス』とオウィディウス（前四三―後一七頃）の『変身物語』の影響力は圧倒的に大きかった。

オリュンポス一二神のアウトライン

最後に、ギリシア神話を理解するうえで最小限必要な知識としてオリュンポスの神々について簡単に述べておこう。ギリシアには八百万《やおよろず》とまではいかないにせよ、実に多くの神々がいた。そのすべてを知らなければギリシア神話がわからないというわけではないが、オリュンポス一二神の知識はギリシア神話を理解するための第一歩である。

ギリシア最北のテッサリア地方とマケドニアとの国境には、標高二九一七メートルのギリシア最高峰のオリュンポスが実際にそびえている。とはいえ、神々の座としてのオリュンポスは実在の山を指すよりもむしろ空想的なものであったが、その山頂もしくは天上に一二神を中心に他の多くの神々も住んでいると考えられた。ギリシアの神界はヒエラルキー構造をなす多神教世界であり、その頂点に立つのがオリュンポスの神々である。オリュンポスの世界は擬似的な家父長制社会で、家長ゼウスとその兄（ポセイドン）と姉（ヘラ、デメテル）、そしてゼウスの子どもたち（アレス、ヘパイストス、アプロディテ、アテナ、ディオニュソス、アポロン、アルテミス、ヘルメス）によって構成される。

ゼウスとその兄と姉

オリュンポス神族の長ゼウス（Zeus）は「神々の父」とも呼ばれる。その誕生については第一章に譲るが、ゼウスは多くの女神や女性たちと契りを結んで他の神々や民族の始祖、そして英雄たちを生み出した。彼は神々を統率するが、全知全能ではない。ゼウスを象徴するのは雷とワシであり、ローマでの名称は、すでに述べたようにユッピテル（Juppiter）である。

ヘラ（Hera）はゼウスの妻であるが、系譜上ではクロノスの子で、ゼウスの姉でもある。ローマではユノ（Juno）と呼ばれ、英語のJuneの語源となった。六月の花嫁（June bride）が幸福になるといわれるのは、ユノが婚姻の守護神だったことに由来する。しかしヘラ自身の結婚生活は、女好きな夫の絶え間ない浮気のせいであまり幸福とはいえない。

ヘラと同じくゼウスの姉であるデメテル（Demeter）は、農耕や穀物を守護する女神で、麦の穂がその表象であった。コーンフレークス類の総称シリアル（cereal）は、デメテルのローマでの呼び名のケレス（Ceres）に由来する。

一方、海と泉を支配する神ポセイドン（Poseidon）は図像ではたいてい三叉《みつまた》の戟《ほこ》を持ち、魚やイルカなどの海の生物とともに描かれることが多い。ラテン語の名称はネプトゥヌス

（Neptunus）で、英語ではネプチューン（Neptune）である。ポセイドンは地震の神でもあったため、「大地を揺るがす」という枕詞《まくらことば》がしばしば添えられる。この神はまた、ギリシアに馬をもたらしたインド＝ヨーロッパ語族によって導入されたため、馬の神とも呼ばれる。

ここまで述べてきた四柱の神々は、父クロノスと母レアから生まれた兄弟姉妹である。同じ両親からはヘスティアとハデスも生まれたが、彼らはオリュンポス一二神に含まれない。なぜなら、ヘスティアはかまどを守る女神として崇《あが》められ、どの家庭にもその座があったためである。一方、三兄弟の間で世界の支配領域を決める籤引《くじび》きをしたとき、ゼウスは天空の支配権を、ポセイドンは海の支配権を獲得した。しかしハデスは地下の冥界を領分にすることになったため、オリュンポスの住民からは除外される。

ゼウスとヘラの子ども

以上の四柱の神々以外は、すべてゼウスの子どもである。正妻ヘラとの間に生まれた嫡子と、ヘラ以外の女神から生まれた庶子に大別すると、一二神に含まれる嫡子は、まず戦争の神アレス（Ares）である。アレスのラテン名はマルス（Mars）で、英語の March はマルスの祭りが三月に行なわれたことに由来する。ローマ建国の祖である双子のロムルスとレムスの父として、マルスはローマでは比較的重要な地位を得たが、ギリシアではあまり人気がなく、神話伝説の世界でも脇役《わきやく》にとどまる。美の女神アプロディテとアレスの密会が発覚した逸話は、『オデュッセイア』第八歌で名高い。

その不倫エピソードで妻のアプロディテを寝取られたのは、鍛冶《かじ》の神のヘパイストス（Hephaistos）である。ヘパイストスは火山の火に由来し、そのラテン名は英語のvolcano（火山）と関係するウルカヌス（Vulcanus）である。ゼウスとヘラの子という伝承もあるが、ゼウスに対抗してヘラが単独で産んだともいわれる。生まれつき足が不自由で、母親によってオケアノス（大洋）に投げ捨てられたが、海の女神テティスによって育てられた。

ヘラ以外の女神や女性とゼウスの子ども

一二柱のうちの残り半数の神々もゼウスの子であるが、正妻ヘラとの間に生まれたわけではない。まず美と官能の女神アプロディテ（Aphrodite）は、ホメロスではゼウスと女神ディオネの娘とされるが、海に投げられた男根の泡からという一風変わった誕生神話（第一章参照）のほうが一般に流布している。バラやハトなどをシンボルとするこの女神は、ローマでウェヌス（Venus）、英語でヴィーナスと呼ばれ、後世の絵画や彫刻に登場する頻度は一二神のうちで最も高い。

アプロディテの泡からの誕生は変則的であるが、アテナとディオニュソスの出生も尋常ではない。アテナ（Athena）の場合には、ゼウスは知恵の女神メティスと交わったが、次に生まれる男子は父親をしのぐであろうという予言を聞いて妊婦を呑み込んだ。月が満ちて突然ひどい頭痛に見舞われたゼウスが鍛冶の神ヘパイストスに斧《おの》で頭を割ってもらうと、アテナが完全武装した姿で雄たけびをあげながら生まれたという。戦闘女神アテナには、有翼の勝利の女神ニケがしばしば従者として寄り添う。ニケ（Nike）は「勝利」を意味するギリシア語で、スポーツ関連グッズで有名なナイキ社の社名の語源である。ラテン語でミネルワ（Minerva）と呼ばれたこの女神を象徴するのは、オリーブの木とフクロウである。アテナは知恵に恵まれ、陶芸や機織りなどの工芸を庇護《ひご》する神でもあった。

一方、バッコス（Bacchos）の異名を持つ葡萄《ぶどう》酒の神ディオニュソス（Dionysos）が誕生したのは、ゼウスの太腿からであった。ゼウスがテーバイの王女セメレに言い寄ったとき、嫉妬深いヘラはセメレに接近して、恋人の本当の姿を見せてもらうよう巧みにそそのかした。ゼウスがセメレの懇願を聞き入れて、稲妻を走らせながら現れたので、彼女は雷光に焼かれて亡くなった。しかしゼウスがセメレの胎内の子を救い出して腿に縫いこんだため、ディオニュソスは母の子宮からではなく父の太腿から生まれ出た。ラテン語でバックス（Bacchus）とも呼ばれたこの神は演劇の神でもあったが、その性格は非常に複雑でとても一筋縄ではいかない。図像では、葡萄や木蔦《きづた》、そしてヤギやイルカ、ヘビなどがディオニュソスを表象する。

アポロン(Apollon)とアルテミス(Artemis)にも、誕生にまつわる神話が伝わっている。女神レトがゼウスの子を宿したことを知ると、正妻のヘラは嫉妬に駆られ、レトにお産の場を提供してはならないと、地上のあらゆる場所に厳しく言いつけた。レトは陣痛に苦しんだが、ヘラが命じた時点ではまだ浮島であったデロス島を見つけ、ようやくそこに身を寄せた。そしてまずアルテミスを出産し、次に、生まれたばかりのアルテミスの助けを借りてアポロンを産んだ。

アルテミスは純潔を尊ぶ処女神であると同時に、母の出産を手伝ったというエピソードが示すように、安産の守り神でもあった。狩猟の女神でもあるアルテミスは、古代の陶器画や彫刻ではたいてい弓矢を手にしている。ローマではディアナ(Diana)と呼ばれ、月の女神とも同一視されたため、後世の絵画のディアナの額にはしばしば三日月が輝いている。

一方アポロンは若く清冽《せいれつ》なイメージの青年神で、その職掌は多岐にわたる。音楽や詩歌など芸術全般や理性、文化を守る神でもあった。病を癒《いや》す医神であると同時に、疫病をもたらす神でもあった。また殺人犯罪の穢《けが》れを清め、家畜の守護神でもあったが、デルポイで神託を下す予言の神としても名高い。ラテン語ではアポロ(Apollo)と呼ばれ、太陽神とも見なされた。先述のダプネへの悲恋から、月桂樹がアポロンの聖木になった。図像上のアポロンは弓矢を携えているか、あるいはリュラという弦楽器を抱えていることが多い。

オリュンポス一二神のしんがりは、やはり多様な性格を帯びた神ヘルメス（Hermes）である。父はゼウス、母は天空を支える神アトラスの娘マイアである。ヘルメスの守備範囲は広い。伝令として神々の意向を伝え、家畜を守り、人々に富や幸運をもたらし、死者の霊魂を冥界に導きと、多方面に大活躍する。ラテン語名メルクリウス（Mercurius）に由来する英語のMercuryとmerchant（商人）の語源は同じで、ヘルメスは商売の守護神でもある。また、旅行者や通行人を守る道祖神のような機能も有していたので、家の戸口や道路の辻《つじ》にはヘルメス像が置かれていた。わたしたちにとって非常に意外なのは泥棒の守護神という役割で、ヘルメスはまだ生まれてまもないときに、アポロンの家畜を盗み出したうえ、巧みに隠蔽《いんぺい》工作までしたという。図像ではたいてい、旅行者を示す帽子とマントそして有翼のサンダルを身につけ、二匹の蛇の巻きついた特徴のある杖を手にしている。

以上のような神々が多くの人間たちとともに織りなす豊かな物語世界、それがギリシア神話である。

第一章　世界の始まりと人間の誕生

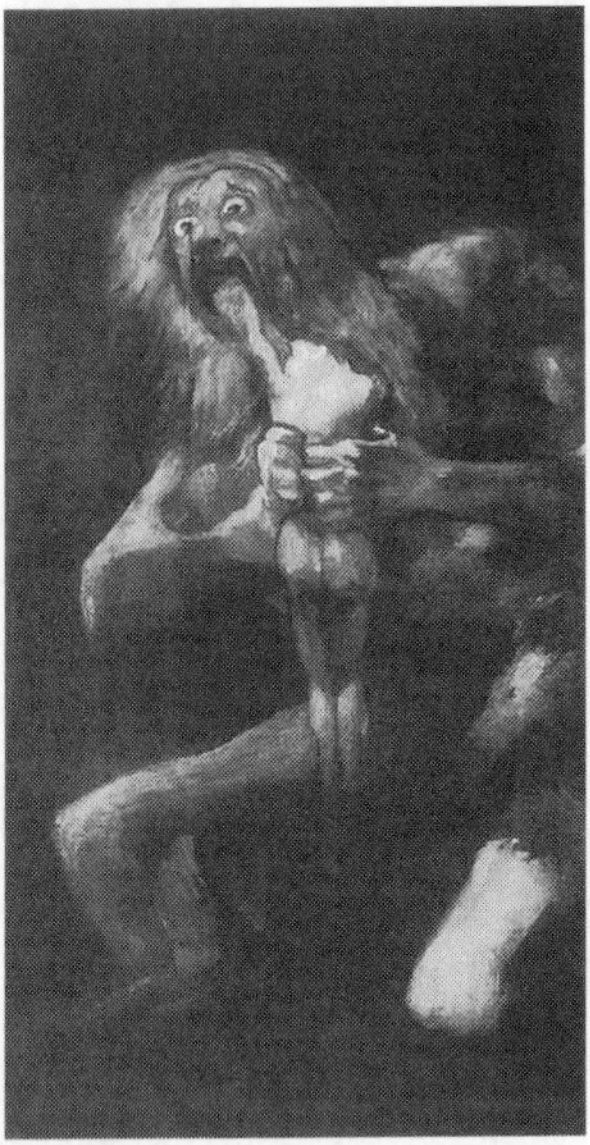

《わが子を食らうサトゥルヌス》
ゴヤ、1821－22年（マドリッド、
プラド美術館蔵）

世界の始まり

近代になって科学や学問が発達したおかげで、多くの疑問が解明されてきた。しかしそれでもやはり、わからないことはまだまだ多い。そもそも宇宙や地球はどのようにしてできたのだろうか。人類の究極の祖先はいつどこでどのようにして生まれたのだろうか……。人間や自然そしてこの世界の始まりについては、今なお未解明の問題が多く残されている。このような謎にギリシア神話はどう答えたのであろうか。この章では、世界の始まりと人間の起源の問題を神話がどう解決したかを扱うことにする。

世界の始まりの神話としては、旧約聖書の「創世記」が名高い。キリスト教とユダヤ教の聖典である旧約聖書によれば、超越的な神ヤハウェの「光あれ」という言葉とともにこの世界が創造された。けれどもギリシアでは、世界は唯一絶対の神によって創造されたのではない。ギリシアには宇宙や世界の始まりに関する神話がいくつもあったが、ここでは、最もよく知られているヘシオドスの『神統記』の系譜的な神話を取り上げることにしよう。

それによると最初に「カオス」が生じ、次に「ガイア」と「タルタロス」と「エロス」が生じた。この世界は神によって創造されたのではなく、いつのことかはわからないが、あるとき突然生じたのである。それが『神統記』における世界の原初の姿である。最初に出現するカオスという言葉は、しばしば「混沌《こんとん》」と解されるので無秩序な混乱というイメージを与える。しかしヘシオドスのいうカオスとは、ちょうど欠伸《あくび》をして大きく口を開けたときのような「巨大な裂け目」を意味する。なんの前触れも理由もなく、いきなり出現した大きな割れ目。世界はそこから始まった。

カオスに続いて、三つのものが生じる。ガイアと呼ばれる大地と、大地の深奥にある奈落《ならく》の底ともいうべきタルタロス、そして、不死なる神々のなかでも最も美しいエロスである。これら三つのものは超越的な神の創造物ではなく、すべて自然発生した。この点にこそ、ギリシア神話の特性がある。

闇をはらむ原初

『神統記』は続いて、カオスから生じたものやガイア（大地）が生み出したものを、系譜という形式で延々と語る。その描写は一見単なる羅列のように見えるが、カオスから生じたものとガイアから生まれたものには大きな違いがある。

カオスからはまず「エレボス（闇《やみ》）」と「ニュクス（夜）」が生じ、さらに、エレボスとニュクスの交わりから、「アイテル（天空の上層）」と「ヘメラ（昼）」が生まれる。加えて、ニュクスは単独で死や眠り、夢、苦悩、運命の女神たち、懲罰、欺瞞《ぎまん》、愛欲、老い、争いなどを生み出す。最後に生み出された「争い」からは、さらに労苦、忘却、飢餓、戦闘、殺害、嘘《うそ》、破滅、誓約などが生まれた。カオスの系譜に連なるものは、欺瞞や破滅のように暗いニュアンスの無形のものばかりである。それに反して、ガイアから生じるものは、神々や現実世界を構成するさまざまな有形のものである。

原初のカオスから発生した三つのもの、すなわちガイア（大地）とタルタロス（奈落の底）とエロスのうち、実質的に生成に関与するのはガイアだけである。ガイアは分裂や生殖行為によって、すぐ後に見るように多種多様なものを続々と生み出していく。

生産的なガイアとは対照的に、タルタロスとエロスのほうは生成そのものを行なうわけではない。ただしエロスは、自ら何かを生み出すわけではないが、一種の媒介のような役割を果たし、神と人間の理性や思慮を意のままに操る強力な結合原理として作用する。エロスは、たとえば「子どものように遊ぶエロス」という、前七世紀後半の合唱抒情詩人アルクマンの詩句（fr. 58 Davies）に見られるように、時代が下がってからは無邪気な幼児の姿でイメージされるようになった。しかし『神統記』のエロスには、擬人化の兆候すら認められない。エロス（Eros）は英語の erotic の語源であるため、もっぱら性愛の快楽に関するものであるかのように誤解されがちであるが、古代ギリシアのエロスはそのような狭い意味に閉じこめられてはいない。むしろ、生産や生殖を促す肯定的な強力な結合原理であり、輝く生命力の源のような抽象的な存在であった。

神々の第一世代ティタン神族

では、この世界の生成に重要な役割を果たしたガイアは、具体的にどのようなものを産出したのだろうか。大地はまず自力で、「ウラノス（天空）」と山々と「ポントス（海）」を生んだ。これによって、神々や人間が活動する舞台装置ができた。次に必要なものは、この舞台で縦横無尽に動き回る役者たちである。

ガイアは生殖行為によって、次々に神々を生み出していく。まずガイアとウラノスとの交わりから、六柱の男性神と六柱の女神が生まれた。この一二柱の神々は、「ティタン神族」と呼ばれる第一世代の神々である。ティタンという名称は英語では Titan となり、その形容詞形の titanic は「巨大な」とか「怪力の」という意味であるが、Titanic といえば一九一二年に沈没したイギリスの豪華客船タイタニック号が思い出されるであろう。一二柱のティタン神族のなかでは、末子のクロノスが最も重要である。この後にも何度か出てくるので、クロノスという名を頭の片隅に残しておいていただきたい。

ティタン神族に続いて、キュクロプスたちとヘカトンケイルたちが生まれた。彼らもやはりガイアとウラノスの交合から生まれたが、神格ではなく、いずれも三人組の巨人たちである。キュクロプスのキュクロは「丸い」、オプスは単数の「目」という意味で、キュクロプスとは単眼巨人である。そしてヘカトンケイルのヘカトンは「一〇〇」を意味し、ケイルは「手」を意味するので、ヘカトンケイルとはいわば百手族である。しかし異形の子らであるこの二組の巨人たちは父親のウラノスに嫌われ、大地の下方に埋められてしまった。

ガイアの復讐

ガイアは夫ウラノスのこのあまりにも無慈悲な仕打ちに怒り、復讐を計画した。すなわち鋼鉄の鎌を作り、自分の子どもたちである一二柱のティタン神族に向かって、「誰かこの鎌で父親を襲うものはいないか」と呼びかけたのである。みなが押し黙り、名乗りをあげる者はいなかった。しかし、一番年下のクロノスだけが勇敢にもこの役目を引き受けようと立ち上がった。

やがて夜になり、天空が大地を求めておおいかぶさったとき、母のかたわらでひそかに待ち伏せていたクロノスは鋭い鎌で父親の陰部を切りとった。クロノスがそれを背後に投げ捨てると、生殖器から滴り落ちた血を大地ガイアが受け止めた。やがて月が満ちると、大地に落ちた血のしずくからは、「エリニュス（復讐の女神）たち」と「ギガス（複数形はギガンテス）」と呼ばれる巨人族、そして「メリアイ」と呼ばれるトネリコの精たちが生まれた。巨人族は後にオリュンポスの神々と戦いを繰り広げることになるが、この戦争については第五

《ヴィーナスの誕生》ボッティチェッリ、1486年頃（フィレンツェ、ウフィツィ美術館蔵）西風ゼピュロスと微風アウラがアプロディテをキュプロス島に送り、薄衣を手にした春の女神が迎え入れる場面

章で触れる。

一方、クロノスが背後に投げ捨てた父親ウラノスの生殖器は海に落ちて海面を漂い、その白い泡から美しい女神が生まれた。泡はギリシア語ではアプロス（aphros）という。それゆえ、泡から生まれたこの美しい女神はアプロディテ（Aphrodite）と呼ばれた。海で生まれたこの女神の美しい姿は、ルネサンスの画家ボッティチェッリの『ヴィーナスの誕生』（図参照）でよく知られている。

ガイア（大地）がこれまでに生んだものを整理しておこう。まず独力でウラノス（天空）と山々とポントス（海）を生み、次いでウラノスとの交わりから、ティタン神族と二種類の異形の巨人たちを生み出した。その後さらに、ガイアはポントスと契りを結んで多くの子孫をもうけた。しかし、荒れ狂う不毛の海はギリシア人にとって恐怖を呼び起こす源だったのだろうか。海に関係する神の子孫には異形の生物や怪物が多く、負のイメージがまつわりついている（第五章参照）。

ポントスのほかに、オケアノスやポセイドンも海に関する神である。ポセイドンについては前の章で扱ったので、ここではオケアノスに触れておきたい。英語のocean（大洋）の語源となったオケアノスは、ガイアとウラノスから生まれたティタン神族の一員である。わたしたちは地球が丸いことを知っているが、古代の人々は、この世界を球状ではなく平面ととらえ、ちょうど水をたたえたお盆に陸地が浮かんでいるようなイメージを抱いていた。陸の周囲をぐるりと取り巻く巨大な海も、そしてこの大洋を擬人化した神も、いずれもオケアノスと呼ばれた。

ゼウスの誕生

六柱の男性神と六柱の女神からなるティタン神族は、兄弟姉妹で結婚して子孫を残した。ティタン神族の末子で父親の生殖器を切断したクロノスも姉のレアと結婚して、かまどの女神ヘスティア、穀物の女神デメテル、結婚の女神ヘラ、死者の国をつかさどる神ハデス、海と地震の神ポセイドンを得た。けれどもクロノス（ラテン語でサトゥルヌス）は、子どもが生まれるたびに次々とわが子を呑みこんでいった（本章扉絵参照）。というのは、両親のガイアとウラノスから一つの予言を聞いていたからである。それは、彼が鎌で父を傷つけることによって権力を奪い取ったように、クロノス自身もわが子に滅ぼされるであろうという予言であった。

妻のレアにしてみれば、出産のたびごとにわが子が抹殺されるわけであるから、深い悲しみにくれるのも当然である。そこでレアは、両親のガイアとウラノスに相談して一計を案じる。すなわち、レアは赤ん坊をこっそりとクレタ島の洞穴の中で出産すると、石を産着《うぶぎ》でくるみ、それを新生児だといつわって夫に差し出した。クロノスは策略に気づかないまま、石を呑みこんですっかり安心していたが、その間に赤ん坊のほうはすくすくと育っていた。

この赤ん坊が、後にギリシアの最高神となるゼウスである。ゼウスはクレタ島で育てられてたちまち成長した。そして、父クロノスがそれまで嚥下《えんか》していた兄と姉たちを、策略を用いて吐き出させた。解放された兄と姉はゼウスへの感謝のしるしとして、弟のゼウスに雷を与えた。すでに述べたように、ティタン神族の次にガイアから生まれた一つ目の巨人たちは、父ウラノスにうとまれて地下深くに押しこめられていた。この三人の巨人たちのそれぞれの名は「雷鳴」、「稲妻」、「雷光」である。ゼウスの兄と姉たちは、雷の力を象徴するこのキュクロプスたちを暗い闇の世界から解放し、その力をゼウスに授けたのである。このようにして、雷はゼウスの比類なき武器となり、天界の覇者としての権力の象徴にもなった。

オリュンポス神族とティタン神族の戦い

さて、ゼウスの率いるオリュンポス神族は力を合わせて、一つ上の世代のティタン神族と覇を競った。クロノスを頭に戴《いただ》くティタン神族との戦闘は、ティタノマキアと呼ばれる。両者の激突は一〇年に及びながらもなお決着がつかなかった。膠着《こうちゃく》状態を打破するために、ゼウスはガイアの忠告に従って、百腕巨人のヘカトンケイルたちを大地の底から解放し、神々の食べ物であるアンブロシアを彼らに与えて力を回復させた。ヘカトンケイルはキュクロプスと同じく、生まれてすぐに父ウラノスによって地下の奥底に幽閉されていた。彼らは暗黒の牢獄《ろうごく》から明るい光のなかに戻してくれたゼウスに感謝して、ティタノマキアではオリュンポス神族の味方をした。彼らはそれぞれ一〇〇本の手に大きな岩をつかんで、次々に敵のティタン神族に投げつけた。ヘシオドス『神統記』によると、このすさまじい戦いで大地も海も鳴り響き、雄たけびは天にも奈落の底にも達するほどであった。ゼウスはオリュンポスの山から敵に雷を浴びせ、森は燃え、海は沸きかえった。激闘の末ついに、ゼウスを盟主とするオリュンポス神族はヘカトンケイルの助力を得て勝利をおさめ、ティタン神族をタルタロス（奈落の底）に閉じこめ、ヘカトンケイルたちをその見張り番につけた。

しかしながら、これでゼウスの勝利が確定したわけではない。ティタノマキアに続いて、怪物テュポンとの戦いが待ち受けていた。テュポンとは、オリュンポス神族が激戦の末にティタン神族を天界から追放したとき、ガイアがタルタロスと交わって生み出した凶暴な怪物である。その肩には蛇の姿をした首が一〇〇もついており、燃える火を吐き、恐ろしい獣のような声を出す。しかしゼウスはこのテュポンをいち早く見つけると、雷で攻撃した。そして死闘を繰り広げたあげく、その勝利を確かなものにした。

オリエントの影響

さて、これでようやく荒々しい敵対者がすべて一掃され、これ以降はゼウスが最高神として君臨することになる。一般によく知られているギリシア神話の世界はこのあたりから展開されるが、ここまでの過程をひと言でいうと、神々の世代ごとの権力闘争である。つまりウラノスからクロノスへ、クロノスからゼウスへと神界の覇者の座が移行し、しかも王権交代はいずれも暴力的な簒奪《さんだつ》によるものであった。これらの物語にはギリシアの先住民族と北方からの移住民族の闘争が反映されているという解釈も成立するが、二〇世紀後半以降の研究は歴史上の覇権抗争よりもむしろ、この神話に刻印されているオリエントの影響を明らかにしてきた。

オリエントという言葉はラテン語の orior（昇る）に由来し、太陽が昇る東の方向を意味する。そして、前三〇〇〇年紀から前五〇〇〇年頃の近東地域が古代オリエントと呼ばれている。この地域は現在わかっている限りでは人類最初の高度な文明の発祥の地であり、さまざまな神話が残されている。なかでもヒッタイト人のクマルビ神話は、ウラノスからクロノスを経てゼウスへと移りゆくギリシアの王位簒奪神話と非常によく似ている。ヒッタイトは小アジアのアナトリア高原で前二〇〇〇年紀に栄えた民族で、その言葉はインド＝ヨーロッパ語族のなかで最も古い言語である。ヒッタイトの神話は、現在のシリアの北部にミタンニ王国を築いていたフリ人という民族の神話から多くの影響を受けた。次に述べるクマルビ神話もヒッタイト語で伝わっているが、その昔はフリ人の神話であった。

クマルビ神話

クマルビ神話と総称されるものは、二種類の粘土板文書からなる。すなわち、「天上の覇権」と「ウルリクムミの歌」という物語である。どちらもテクストに損傷が多いが、その内容はだいたい次のようなものであった。

まず「天上の覇権」によると、天界の最初の王であったアラルは九年間君臨していたが、アラルに仕えていたアヌが王座をねらって反乱を起こし、アラルを追放した。アヌは神々の王者になったが、やはり九年後に臣下のクマルビから挑戦を受ける。クマルビの反逆にアヌは逃げ出したが、クマルビは追っていき、アヌの陰部に咬みついてその精液を呑みこんだ。けれどもそのために、クマルビの体内には三柱の神が宿る。その事実を知らされたクマルビは、呑みこんだものをあわてて吐き出したが、その一部は彼の体内に残る。クマルビが口から吐き出したものを大地が受け止め、やがてアランザヒすなわちティグリス川と、タシュミシュという神が生まれる。

一方、クマルビの体内に残ったものは、月が満ちて「天候神」として生まれる。これはフリ人の言語ではテシュプと呼ばれる。この天候神はアヌの精液からできたのであるから、アヌにとっては自分の分身ともいうべきものである。アヌは自分を追放したクマルビへの復讐の念に燃え、天候神がまだ生まれる前から「クマルビを打倒せよ」と、クマルビの体内の天候神を励まし続けた。やがてクマルビの体からこの世に出た天候神は、クマルビと戦って勝利をおさめた。負けたクマルビは、泉のほとりの岩と交わってウルリクムミを生む。

これより先は「ウルリクムミの歌」という文書に記されている。クマルビは岩との間に生まれたウルリクムミを海中に隠して育てる。それは天候神の目を欺くためであったが、やがて天候神はウルリクムミの存在を知って、いったんは意気消沈する。しかし彼は勇気を奮い起こして武器を取る。戦いのなかで天候神は劣勢に陥るが、敵のウルリクムミの弱点が足にあることを他の神から教えてもらう。残念ながらテクストは、足を切られたウルリクムミが苦悶《くもん》しながら天候神に話しかけているところで途絶える。テクストの最後の部分は欠損しているものの、天候神が最終的にウルリクムミを打倒して神々の王座を獲得したと解されている。

オリエントとギリシアの類似点と相違点

以上がヒッタイトの神話であるが、オリエントとギリシアの神話には明白な共通点がある。両者が似ているのは、戦いという暴力的な方法で前の世代から権力を奪う点だけではない。世代ごとにも対応関係が見いだされ、さらに細部にも類似性が認められる。オリエントの神話では王権交替は四代にわたっているが、最初の王のアラルを除けば、オリエントとギリシアの類似性は一層明らかになる。まず、第一の世代として対応するのはアヌとウラノスで、どちらも「天」を意味する。次に、クマルビとクロノスが対応する。クマルビがアヌの精液を呑みこんだように、クロノスも自分の子どもたちを呑みこんだ。クマルビがアヌを去勢し、性器の一部から神が生まれるという点は、クロノスが鎌で切り取った父親ウラノスの陰部が海に落ちてアプロディテが誕生するのと酷似している。

そして次に、ヒッタイト神話で最終的な勝利者になった天候神には、オリュンポスの首領のゼウスが対応する。天候神と同じように、ゼウスも雨を降らせ、雷を轟《とどろ》かせて天候を支配する神である。さらに、ゼウスは父親の世代を破った後に新たに生まれた怪物テュポンを退治してようやく天界の覇者となったが、天候神もやはり、クマルビとの戦いの後に新しく生まれたウルリクムミを破らなければならなかった。つまりギリシアでもオリエントでも、先行する世代だけではなく後続の世代をも倒さなければ、勝利は決定的なものにならなかったのである。

このような類似についてどう考えればよいのだろうか。二つの地域の神話が似ている場合、それぞれ別々に発達していた神話が偶然似ていることもある。これは独立発生説といわれ、人間の考えることには普遍性があるという前提に基づく。それに反して、一方の神話が他の地域に広まったり影響を与えたりしたために、もう一方の神話との間に多くの共通点が見いだされることもある。これは伝播《でんぱ》説と呼ばれる。神々の覇権争いの神話の場合は、後者だと考えられている。つまり、オリエントで生まれた神々の王位継承の物語がギリシアに伝わったのである。

実際、ギリシアと近東の間には非常に早い時期から交流があった。歴史学の知見によると、この二つの地域はまず前一四世紀から前一三世紀頃に接触し、前八五〇年もしくは前八〇〇年以降にも交流があった。そして、ギリシアの王権神話を『神統記』に記したヘシオドスが生きていたのは、おそらく前七五〇年頃から前六八〇年頃にかけてであろうと推測されている。

ギリシア人はオリエント神話の伝播を受け、その影響下に物語を発展させた。けれども、ギリシアにおける神々の世代交代は近東の王権神話をそっくりそのまま模倣したものではない。なぜなら、両地域の神話は著しい類似を示しているが、いくつかの相違点も認められるからである。ギリシアの王位簒奪神話がオリエントのそれと最も大きく異なるのは、ガイア(大地)が何度も現れる点にある。

しかもガイアが登場するのは、権力のターニング・ポイントとなる重大な局面においてである。そもそも、ウラノスの性器を切り取るという大胆な復讐を考案したのも、またそれをわが子のクロノスに実行させたのもガイアであった。その後、父親から権力を奪ったクロノスに対して、彼自身が同じように息子によって権力を強奪されるであろうという予言を与えたのもほかならぬガイアであった。そしてゼウスの誕生を援助し、その成長を助けるためにさまざまな策略を編み出したのもガイアである。さらにガイアは、ゼウスの王位獲得をこのように支援する半面、ゼウスがティタン神族を打倒した後には、その覇権を牽制《けんせい》するために強敵テュポンを生んでいる。

ガイアがこのように重要な役割を果たすのは一体なぜだろうか。それはおそらく、農耕民族であったギリシア人にとって、大地がきわめて大きな意味を担っていたからと思われる。ギリシア人はオリエントの恩恵を享受しながらも、自分たちの生活環境に密着した独自の神話を発達させたのである。

人類の誕生

さてここまでは、世の始まりからゼウスの勝利までを述べてきたが、すでにお気づきのように、この世界にはまだ人間が存在していない。人類の起源に関しては、科学が発達した現代でも未知の部分がまだたくさん残っているが、古代ギリシア人にとっても人間の出現は大きな謎であった。部族の誕生については、ゼウスが女性と交わってその部族の始祖を生み出したという形で多くの伝説が残された。しかし人類一般となると、その誕生を説明する統一的な見解は見られない。これは、古代ギリシア人がヒトという普遍的な概念よりも、自分の属する地域や部族への個別的な帰属意識をより強く抱いていたためと思われる。

とはいえ、部族の始祖の誕生についても、そのパターンは一様ではない。大地から自然に生えてきたような一族もあれば、アリから生まれたと伝えられる部族もある。大地からの誕生の例は、カドモスの伝説に見られる。カドモスは序章の冒頭で述べたエウロペの兄弟で、失踪《しっそう》した姉妹を捜してフェニキアからギリシアまでやって来た。そしてテーバイに達したと

《エリクトニオスの誕生》前460年頃（ミュンヘン、古代蒐集美術館蔵）**ガイアがエリクトニオスをアテナに差し出し、ヘパイストス**（左）**がその様子を眺めている**

き、エウロペの捜索を断念し、軍神アレスの命令に従って竜の牙を蒔《ま》いた。すると、武装した兵士たちが植物のように地面から生まれ出たという。この戦士たちはスパルトイ（蒔かれた者たち）と呼ばれ、後にテーバイを支配する貴族たちの始祖となった。

アテナイの歴代の王たちについても、大地から生まれたという伝承が多い。たとえば、アテナイを含むアッティカ地方の初代の王ケクロプスは、大地から生まれた蛇と人間の混合体であったと伝えられる。ケクロプスの次の王のクラナオスの出自も大地に求められ、クラナオスから支配権を奪ったアンピクテュオンという王にも大地からの誕生伝説がある。さらにアンピクテュオン追放後に王となったエリクトニオスは、血統を重んじるアテナイ市民の直接的祖先と見なされたが、彼もまた大地から生まれた。彼の誕生を伝える陶器画（図参照）では、人間の姿で描かれたガイアが赤ん坊を両手で抱きかかえながら地面から上半身を乗り出し、地上のアテナ女神に新生児を差し出している。この赤ん坊が後にアテナイの王として君臨するエリクトニオスである。

他方、アリから生まれたのはミュルミドン人である。これは、トロイア伝説の名高い英雄アキレウスに率いられてトロイアに遠征した民族である。ゼウスがアリ（myrmex）を人間に変えたところから、この部族はミュルミドン（Myrmidon）と呼ばれるようになったと伝えられる。このほかギリシアには、樹木や岩石からの誕生という民間伝承的な発想も見いだされ、人類発生についてはいくつもの説明が並行して流布していた。

女性の出現

人類一般はともかく、この世界への女性の出現については、ヘシオドスの『神統記』と『仕事と日』に明確な記述がある。史上初の女性の誕生には、ゼウスの前の世代であるティタン神族に属するイアペトスの息子たちが関与している。イアペトスには何人かの息子がいたが、その一人は、世界の果てで天空を担う神として知られるアトラスである。アトラスの海（Atlantic Ocean）とは大西洋のことであり、英語のatlasが「地図帳」という普通名詞になったのは、昔の地図帳の巻頭に天球を肩で支えるアトラスの姿が描かれていたためである。

女性の誕生神話とアトラスは直接関係するわけではないが、アトラスの兄弟にあたるプロメテウスとエピメテウスがパンドラ神話に深く関わっている。プロメテウスのプロは「先の」という意味、エピメテウスのエピは「後の」という意味、そして二人の名前に共通するメテウスの部分はメティスつまり知恵に由来する。プロメテウスは先に知恵が働く知恵者であり、対照的に、エピメテウスのほうは後知恵しか働かないのである。

プロメテウスはティタン神族の子孫であるが、ゼウスとクロノスの世代間の権力闘争では、オリュンポス神族の側についた。なぜなら、彼には先々のことを見通す力があるので、やがてゼウスが神界の最終勝利者となることを予見していたからである。そのため、ティタン神族が最終的に地底に投げこまれたり、ゼウスに刃向ったアトラスが天空を支えるという刑罰を与えられたりしたときにも、プロメテウスだけは罰せられなかった。

やがてティタン神族との争いに決着がついてゼウスが神界に君臨すると、今度は神々と人間の間に諍《いさか》いが起こった。ここでなぜか突然、人間がいつのまにかこの世に存在しているが、この場合の人間は「人間、男」を意味するギリシア語の複数形アントロポイ（anthropoi）で、男性ばかりであった。この人間たちと神が犠牲獣をどのように分配するかが問題となり、プロメテウスがその調停者の役割を果たすことになった。

知恵者のプロメテウスは人類の味方でもあるので、裁定のときに人間に有利な計らいをした。つまり彼は、一方では牛の肉と内臓を皮の上に置き、それを胃袋で包んで神の前に盛り、他方、牛の骨を脂肪でくるんだものを人間の前に並べた。そして、どちらでも好きなものを選ぶよう、ゼウスに告げた。前者は一見まずそうだが食べるとおいしい部分、後者は見るからにおいしそうだが食べられない骨ばかりである。ゼウスはプロメテウスの欺瞞を見抜きながらも、わざとだまされて骨のほうを選んだ。そして、自分を欺こうとしたプロメテウスに立腹し、彼が庇護《ひご》する人間たちに苦しみを与えることにした。つまり、調理に欠かせない火を隠したのである。そのため、おいしい牛の肉や内臓が自分たちの取り分となったにもかかわらず、人々はそれを食べることができなくなってしまったのである。

そこでプロメテウスは、困り果てた人々を救うために天界からこっそりと火を盗み出し、植物の茎に隠して下界に運んだ。下界で火が赤々と輝くのを見つけたゼウスは怒り心頭に発し、すぐに火の代償として人間に「美しい災い」をもたらすことを思いつく。そして他の神々に命じて、土と水から美しい娘を作らせ、人間の声と女神のような美しい容姿と衣装を与えさせた。仕上げには、この少女に「犬の心と盗人の本性」が贈られた。人類最初の女性はこのようにして誕生した。

パンドラの箱

「パンドラの箱」という成句は、多くの新たな予期せぬ問題を作り出すもの、あるいは、災いが生じないように封印しておくべきものというような意味で使われる。この成句は、人類最初の女性であるパンドラがふたを開いたために不幸が世界中に飛び散ったというギリシア神話にさかのぼる。

しかし『神統記』は、神々が女性を創造し、欺瞞に満ちた贈物として人間に与えたと述べるにとどまり、パンドラの名はこの作品では明示されていない。人類最初の女性にすべての（pantes）神々がさまざまな贈物（dora）を授けたので彼女がパンドラ（Pandora）と命名されたことや、「パンドラの箱」の由来となったエピソードが披露されるのは、同じ詩人の『仕事と日』である。ただしヘシオドスでは、パンドラが開封したのは甕《かめ》であったが、オランダ

《パンドラ》ルドン、1910年頃
（ニューヨーク、メトロポリタン美術館蔵）

の人文学者エラスムスが『三千の格言』（一五〇八年）で甕を箱に変えたことからこの成句が生まれた。パンドラの姿は、図の例のように、特に一九世紀から二〇世紀初頭に好んで描かれた。

『仕事と日』によると、将来を見通す力のある賢いプロメテウスは、「ゼウスの贈物を一切受け取ってはならない」とあらかじめ弟に忠告していた。しかし、後知恵しか浮かばないエピメテウスはパンドラの美しさに幻惑され、彼女を家に迎え入れた。家にはなぜか、大きな甕があった。ある日パンドラがその甕のふたを開くと、甕に入っていたものがたちまち世界中に飛び散り、あわててふたを閉めると、甕のなかに「希望」だけが残った。それまでは煩《わずら》いも苦しい労働も病苦もなかったのに、人類の最初の女性の無思慮な行為のせいで、それ以降は、無数の災厄がこの世に蔓延《まんえん》するようになったという。

プロメテウスによる犠牲獣の分配の裁定からパンドラのふた開きまでの話は、実に含蓄に富む。これらの一連の神話は、一つには、犠牲獣を祭壇で屠《ほふ》って神に供える動物供犠の由来を説明する起源説話である。またこれは、神と人間の間には決して越えることのできない境界が厳然と存在することを告げる物語とも解釈できる。さらに、火に象徴される文明が人間にもたらす恩恵と、それに対して人間が支払わねばならない代償もここには示されている。また、人類の保護者としてのプロメテウスの振る舞いが結果的には裏目に出て人間に悲惨をもたらすといったアイロニーも描かれている。そして、パンドラが甕を開封し即座に封印したところ「希望」だけが残ったというくだりは、人間である限り避けて通ることのできない病や死や不幸と、生きていくうえでなくてはならない望みというものの意味などを考えるうえで実に示唆に富んでいる。

一方、最初に誕生した女性が人類の苦しみの原因となるという点では、パンドラ神話は「創世記」の失楽園の物語と比較することもできるが、今はそれを措《お》き、甕の内容には異伝も存在したことをつけ加えておこう。ヘシオドスの曖昧《あいまい》な言葉遣いはさまざまに解釈できるが、パンドラがふたを開けた甕の中には、苦しみや悲しみが詰まっていたかのような印象を与える。だが、その甕にはあらゆる善なるものが詰まっていたという話形の伝承が、二世紀頃の寓話《ぐうわ》詩人バブリオスによって伝えられている。この話形が記録された年代はヘシオドスよりもはるかに後の時代のことであるが、実はこちらのほうがギリシア神話の本来の話形であったと主張する研究者もいる。

五時代説話

さて、人類の誕生という話題に戻ると、『神統記』ではいつのまにか既成事実として人間がこの世に存在していたが、ヘシオドスは人類の過去に関して別の種類の話を残している。

それは、パンドラの甕開きの直後に語られる「五時代説話」である。没落史観、すなわち時代が下るにつれて人類は次第に悪化するという歴史観を歴史上初めて表明したのが、この五時代説話である。ヘシオドスによると、人類がこれまでたどってきた五つの時代は黄金の種族から始まり、白銀の種族、青銅の種族、英雄の種族、そして最後に鉄の種族に至る。人間創造のプロセスが具体的に描写されることはないが、どの種族も神々ないしはゼウスが創造したといわれる。

では、人類の堕落は時代とともにどのように進行したのだろうか。まずクロノスの時代に、黄金の種族がオリュンポスの神々によって創造された。彼らは心に憂いもなく、労苦も悲嘆も知らず、老年とも不幸とも無縁であった。肥沃《ひよく》な大地は自ら豊かな実りをもたらし、死は眠りのように人に訪れる。幸福に満ちて穏やかな、文字どおりの黄金時代であった。しかしこの種族はなぜか大地によって隠されてしまう。

そして次にゼウスは、黄金の種族よりもかなり劣る白銀の種族を創造した。この種族は一〇〇年の間幼い子どものままであり、一人前になると無分別ゆえに災いを蒙《こうむ》って生涯を終える。この種族は神を敬わず、法に従わず、暴力的であったため、神々は怒ってこれを地下に隠してしまった。

そこでゼウスは三番目に、トネリコから青銅の種族を創造した。トネリコは固い樹木で、槍《やり》の柄の材料になる。この素材が象徴しているように、青銅の種族は好戦的な性格を帯びていた。彼らは先行の白銀の世代よりもさらに傲慢《ごうまん》で凶暴であるばかりではなく、青銅の武器を交えて戦うことを好み、最後には互いに殺しあって滅びてしまった。

ここまでは金・銀・銅と金属名の種族が続いてきたが、次はそれまでと違って、英雄の種族と呼ばれる人々が出現する。黄金から白銀へ、白銀から青銅へと、人類の性格はこれまで悪くなる一方であった。だが英雄の種族は、人類の堕落をあたかもわずかな間でも食い止めるかのように、少しだけ性格がよくなる。ゼウスが創造したこの種族は、先行する青銅の種族よりも正義を尊ぶ人々であり、さまざまな神話や伝説のなかで活躍する英雄たちであった。しかしながらこの人たちも、やがてトロイアやテーバイの戦争で滅亡した。

そして最後に、最低最悪の鉄の時代が到来する。ヘシオドス自身が生きているこの鉄の種族の時代は、労役と苦悩と災禍に満ちている。もしもこれがもっとひどくなれば、やがて人々の心は荒れ果て、正義も善も廃《すた》れるであろう。人と人の関係は堕落頽廃《たいはい》の極みに達し、権力と悪が跳梁跋扈《ちようりようばつこ》し、いずれこの種族も先行種族と同じようにゼウスに滅ぼされてしまうであろうと、詩人は予言めいた言葉とともに嘆く。同時代に対するヘシオドスの憂いに満ちた描写はあまりに真に迫り、わたしたちの生きている今の時代のことがここで語られているのだと思わずにはいられないほどだ。

洪水伝説

さて、ギリシア神話における人類の創造には、五時代説話のほかにも別のタイプの物語があった。それは人間が石からできたという話であり、パンドラ神話のいわば後日談としてデウカリオンとピュラが登場する。デウカリオンはプロメテウスの息子で、パンドラとエピメテウスの娘ピュラと結婚していた。ゼウスが邪悪な人類を滅ぼすために大洪水を引き起こそうとしたとき、デウカリオンとピュラは先見の明のあるプロメテウスの忠告に従って、あらかじめ箱舟を作った。九日間にわたって大雨が降り続いた後にやっと水が引き、難を逃れたこの夫婦が箱舟から出てみると、地上には誰ひとりいなかった。

大洪水から救われた二人がゼウスに感謝の犠牲を捧《ささ》げると、神は彼らの望みをすべて叶《かな》えてやろうと約束した。そこで彼らがこの世に人間が満ち溢《あふ》れることを願うと、ゼウスは母の骨を肩越しに投げよと告げた。彼らは母の骨とは大地の石のことであると悟り、デウカリオンが石を後ろに投げると、石は男になり、ピュラが肩越しに投げた石は女になった。

この物語は民衆（laos）の起源を石（laas）とするもので、たぶんに語呂《ごろ》合わせの要素を含んでいる。一方ギリシア人は、自分たちはデウカリオンとピュラの末裔《まつえい》であるという自己認識を抱いていた。彼らはヘレネス（Hellenes）と自称したが、ヘレネスという名は、デウカリオンとピュラの息子ヘレン（Hellen）に由来する。

洪水や箱舟のモチーフが含まれているという点で、デウカリオンの話は旧約聖書のノアの物語によく似ている。「創世記」によると、神ヤハウェは人類を滅ぼそうとしたが、義なる人であるノアにだけ箱舟の建造を命じた。彼は家族とあらゆる種類の動物をつがいで箱舟に乗りこませた。四〇日間も大雨が続いた後、一五〇日目に放ったカラスとハトが戻り、さらに七日後に放ったハトはオリーブの葉を加えて箱舟に帰ってきた。また七日後にハトを放ったが、それが戻らなかったため、ようやくノアは箱舟の外に出て神に供物を捧げた。

この有名なノアの物語の他にも、オリエントには洪水伝説がいくつもあった。たとえば、前三〇〇〇年紀のメソポタミア南部のシュメル人の神話では、「永遠の生命」を意味するジウスドラが知恵の神から洪水の予告を受け、船に乗りこんで助かっている。ジウスドラは太陽神に感謝の供物を捧げ、永遠の生命を授かった。やはりメソポタミア南部に前二〇〇〇年紀にいたアッカド人の神話「アトラ・ハシス」でも、人口増加を憂慮する神々が洪水による人類の滅亡を企てる。しかし知恵の神エンキに造船を命じられたアトラ・ハシスだけが、船に動物たちを乗せて難を逃れた。

大洪水のモチーフは、古代オリエント文学で最も有名な『ギルガメシュ叙事詩』にも見いだされる。『ギルガメシュ叙事詩』はシュメル人の古い伝承を基にして前二〇〇〇年紀にバビロニア人がまとめたもので、アッカド語やヒッタイト語、フリ語などの版も存在する。この叙事詩の主人公であるギルガメシュは死を恐れ、永遠の生命を獲得した人物に会うために苦難に満ちた旅を続け、最後にようやくウトナピシュティムのもとにたどり着く。ウトナピシュティムは、知恵の神エアの指示で船を作って洪水を逃れた人物である。彼はノアと同じように箱舟の中にすべての種類の動物を積みこみ、やはり何度か鳥を飛ばして水の引き具合を確かめる。最後にカラスを放ったところ、それが戻ってこなかったので、ウトナピシュティムは箱舟から出て神々に供物と祈りを捧げ、永遠の生命を与えられた。

このように、オリエントには洪水と箱舟のモチーフを含む物語が数多く見られた。そして、先述のように神々の王権継承神話がメソポタミアの影響下に成立したことや、年間降水量が少ないギリシアの気象条件などを勘案すると、このデウカリオンの洪水伝説もオリエントに端を発するという主張は十分に首肯できる。

ところで、一八世紀のヨーロッパでギリシア文化を再評価する機運が起こって以来、二〇世紀の半ばあたりまでは、古代ギリシア文化は無から創造された奇跡であるというような見方が浸透していた。一八世紀のドイツの美術史家ヴィンケルマン（一七一七－六八）はその著書『ギリシア芸術模倣論』（一七五五年）で、ギリシア彫刻に近づくことがすべての芸術の理想であるという論を展開し、当時のヨーロッパの知識人と文化に大きな影響を及ぼした。

それ以来、ギリシア文化はヨーロッパの精神的故郷として、憧憬《しょうけい》の眼差しとともに眺められるようになった。

しかし今日では、ギリシアをヨーロッパ文化の源泉として一面的に賛美する評価はすっかり影をひそめている。この章では、古代ギリシアが近東から、とりわけメソポタミアから計り知れないほど大きな影響を受けたことを述べた。ギリシア文化は、世の始まりにカオスが突然生じたように何もないところからいきなり生まれた奇跡的な文化ではなく、オリエントやエジプトなどの先行文明との相互交流の産物である。とはいえ、他の文化から影響や恩恵を受けたとしても、そのことがギリシア文化の価値を下げるわけでは決してない。むしろ、ギリシアが異文化との接触によって何を受容し、その独自性をどのように育《はぐく》んだかを解明することが重要なのである。

第二章　華麗なる女神たち

《ヴィーナスとアドニス》ティツィアーノ、1560年頃（ニューヨーク、メトロポリタン美術館蔵）

先史時代の大女神

ギリシア神話の世界は端的にいうと、男性中心の家父長制社会である。しかし人類の歴史をもっと古くまでさかのぼると、女神たちが崇拝の首座を占めていた時期のほうがはるかに長い。旧石器時代にはすでに女性神が信仰対象となっていたことを示す痕跡も残されている。新石器時代になると、動物飼育と植物栽培が開始されて、多産や豊穣をつかさどる女神に祈りが捧げられた。この女神を現代の研究者はGreat Motherと呼んでいる。これは大地母神とも大母神とも大女神とも訳されるが、本書では大女神《だいじょしん》と呼ぶことにする。その崇拝はギリシアを含む南東ヨーロッパの広い地域に広がっていた。ギリシア神話に登場する女神たちもその起源をたどると、先史時代の大女神たちの系譜に連なる可能性が高い。

まず、大女神がどのような神格であったかを、アメリカの考古学者マリヤ・ギンブタスの研究に基づいて紹介することにしよう。ギンブタスは、前六五〇〇年紀から前三五〇〇年紀にかけての南東ヨーロッパの新石器時代の数多くの遺跡を調査し、膨大な量の考古学資料を綿密に分析した。それによると、北はチェコやスロヴァキアから南はエーゲ海やアドリア海域に及ぶ広範な地域に、古ヨーロッパ文明と総称できるような高度な文明が発達していた。大麦や小麦、豆科植物などを中心に農耕栽培が行なわれ、馬を除く家畜が飼育され、海や内陸水路を利用した交易や交通も発達していた。骨や石に細工が施され、陶器も製作された。

数多くの遺物は、当時すでに精巧な技術が開発されていたことを示している。

　この時期は歴史時代以前であるから、文字記録はむろんない。とはいえ、古ヨーロッパの遺跡からは、おびただしい量の祭殿模型や祭器、人間や動物の彫像、仮面などが発掘されている。粘土や大理石、骨、銅、黄金などを素材とする出土小像はおよそ三万点余りに達し、その分析から、大女神が宗教的に優勢を占めていたことが判明した。

　大女神は生命の発生と維持に不可欠な水を支配し、大地の豊かな実りをつかさどり、人間と家畜に多産をもたらす。ひと言でいえば、恵み深い豊穣神である。しかしその反面、自然の圧倒的な破壊力を体現し、死の世界とも深く結びついていた恐ろしい神でもあった。さまざまな出土品のなかで、大女神は生命の根源をなす水の女王として鳥や蛇の姿で表わされている。また死と再生の女神として、イヌやシカ、クマ、ヒキガエル、カメなどの動物、あるいはミツバチやチョウなどの昆虫の姿をとることもあれば、多産の女神や植物の女神として顕現することもあった。さらに、一年のうちに死と再生を繰り返す若い男性神を伴うことも多い。大女神に随伴するこの青年神は、イヤー・ゴッド（year god）と呼ばれる。

ギリシア神話における大女神崇拝の痕跡

大女神信仰の痕跡は、ギリシアにも残っている。ギリシア文化を築いた人々は、もとからギリシアの地に住んでいたわけではなかった。ギリシア語はインド＝ヨーロッパ語族と総称される言語グループに属する。この語族の祖先の詳細は明らかではないが、彼らは前四〇〇〇年紀以降、気象条件の変化や人口変動などに促されて黒海周辺から南下し始めた。その一派が前二〇〇〇年紀あたりから三度にわたってエーゲ海地域に押し寄せて来たが、そこにはすでに、ギリシア語とは異なる言語を持つ先住民が居住していて、生と死をつかさどる大女神を信仰の中心に据えていた。新石器時代とそれに続く青銅器時代に栄えていた高度な文明は、インド＝ヨーロッパ語族の侵略やその他の要因によって衰退ないしは変容した。先行する高度な文明は最終的には滅亡したが、ギリシア語を話す新しい民族の流入によって、先住民の文化とは異なる新しい文化がギリシアに発達した。

では、征服された先住民族の崇拝対象は異民族の侵略によって完全に一掃されたのだろうか。たしかに、最終的にインド＝ヨーロッパ語族の信仰が優勢になり、男性神を頂点とする家父長制的な宗教体系が確立されたが、原住民の信仰対象は形を変えながらも、オリュンポスの女神たちに受け継がれた。そしてその名残は、ギリシア神話の女神たちの名称や職掌に反映されている。

外来の宗教はゼウスを神界の王座に据えたとはいえ、先住民の信仰対象の徹底的な排除に成功したわけではなかった。ギリシアの地には、篤《あつ》い信仰を集めていた女神がすでにいたからである。新参の男性神は根強い旧来の女神崇拝を完全には駆逐できなかったため、先住民と侵略民の宗教的衝突は、新しい神を上位に、そして古くからの女神を下位に置くという形で最終的に融合した。具体的には、家父長制の家族形態を擬し、古くからの女神たちを新来の男性神の配偶者や姉妹や娘とする系譜が編成されたのである。

ヘラ女神

このような構図に最もよく当てはまるのは、ゼウスの妃ヘラである。ヘラの名は明らかにインド＝ヨーロッパ語系統には属さない。この語族の来襲以前から先住民の信仰を集めていた大女神がヘラの前身である。ヘラが前ギリシア的な独立した女神であったことは、考古学的に実証されているばかりではなく、歴史家のヘロドトスも「ヘラはギリシア北部の土着民ペラスゴイからギリシア人に受け継がれた神である」と言明している。そしてその記憶は古代の文献にもとどめられ、『イリアス』では「牛の目をした」という枕詞がしばしばヘラに添えられている。牛はクレタ島で聖獣として崇められ、農耕に用いられた動物であるから、この枕詞はヘラと豊穣や大地との深い結びつきを示している。また、ヘラが大地を打って蛇を生んだという一節が『ホメロス風讃歌』のなかの「アポロンへの讃歌」に見いだされるが、この表現には、蛇の姿で太古の大女神が顕現した記憶が反映されている。

ヘラは古くから広範な地域で信仰を集めていた。特にアルゴスやサモス島で強い勢力を保持し、ペロポンネソス半島のオリュンピアも崇拝中心地の一つであった。第四章で述べるように、オリンピック発祥の地であるオリュンピアで最も古い神殿は、実はゼウス神殿ではなくヘラ神殿であった。

異民族の侵略とそれに伴う新たな宗教勢力の進出によって、神格から人間に降格された先住民の神もいたが、それでもヘラが神格の地位を失うことはなかった。とはいえ、宗教の再編成の過程でヘラの性格と職掌に変化が生じたことは確実で、ゼウスが到来した後には、太古の大女神の流れを汲《く》むこの偉大な神格の自主独立性は失われた。そして新旧勢力の対決は、ゼウスとヘラの聖婚という形で決着を見たのである。

このように、ゼウスをもたらしたインド＝ヨーロッパ語族は、先住民の信仰対象を自分たちの最高神の配偶者や子に移すという習合方法によって宗教的支配を図った。しかしゼウスは主権を完全に掌握したわけではなく、過去の信仰の根強さや宗教的融合の不完全さは神話に影を落とすことになった。実際、ヘラは婚姻と結婚生活の守護神であるが、神話上のゼウスとヘラは円満な夫婦ではなく、たえず口論を繰り返している。歴史的な観点から見ると、ゼウスとヘラの不和の神話には征服民族と土着民の宗教的軋轢《あつれき》が反映されていると解釈するのが自然であろう。

神話世界では、卓越した大女神の古い記憶はほとんど失われている。ゼウスとヘラの聖婚の神話は前一三世紀頃には成立していたと推測され、最高神の妃という従属的な役割へのヘラの転落はすでにその頃には始まっていたと思われる。ヘラは夫ゼウスの愛人やその子どもたちを迫害する意地悪な女神に格下げされ、その執拗《しつよう》なまでの嫉妬深さを物語る逸話にはこと欠かない。たとえば、序章で触れたようにヘラはアブを送りこんで夫の愛人のイオをさまよわせ、雷の力を用いて間接的にセメレを殺害し、その子ディオニュソスをも迫害した。またギリシア最大の英雄ヘラクレスも、何度となくヘラの迫害を受けた犠牲者である。

一方、大女神崇拝の名残はヘラ以外の女神たちにも反映されている。このことは、穀物女神デメテルの場合が比較的わかりやすい。デメテルの名は一説によれば、大地を意味するゲ（Ge）と母を意味するメテル（meter）の合成であり、この女神の名には、生命を生み出す大地と母性が表象されている。また、新石器時代の大女神は「野獣たちの女主人」とも呼ばれ、動物の生と死をつかさどる職能も有していたが、この側面は、狩猟の女神であると同時に森や山の動物たちの守護神でもあったアルテミスに継承された。

一方、アテナと大女神のつながりは一見わかりにくいが、ホメロスの叙事詩に頻出する定型表現が手がかりになる。アテナ女神にはグラウコピス（glaukopis）という枕詞がしばしば添えられるが、その意味は歴史時代にはすでに不詳となっていた。だが、その原義は「フクロウの目をした」であると一般に解釈され、アテナの前身が鳥の姿で顕現する太古の大女神であったことを想起させる。さらに、蛇の頭髪を持つ怪物ゴルゴンの首を常に身につけていることから、アテナは蛇女神の流れも汲んでいるものと見られる。

アプロディテ

このように、ギリシアの女神たちには先住民族の大女神の痕跡が多かれ少なかれ認められるが、アプロディテについては、むしろオリエントからの影響のほうが大きいといわなければならない。この女神の支配領域は、性的欲望とそれを誘発する美に関連している。その根本には多産や豊穣など、大女神に直接連なる職掌もあるが、アプロディテの場合には近東、特にメソポタミアの女神との類似性が顕著で、シュメルの女神イナンナやアッカドの女神イシュタルのギリシア的形態であるとさえいわれる。

ルネサンス以降の絵画や彫刻にはヴィーナスの化粧場面や裸体が頻繁に描かれ、それらを見る限りでは、そのイメージはひたすら美しくあくまでも蠱惑《こわく》的である。しかし古代の神話ではむしろ、官能を支配する畏怖《いふ》すべき神という側面が顕著である。アプロディテは、理性で制御しきれず、理詰めでは解明できない不可解な恋愛感情や性的欲望を惹《ひ》き起こす。その支配力は圧倒的で、人間はもちろん、すべての生物や神々にさえ及ぶ。この女神の抗《あらが》いがたい力について、『ホメロス風讃歌』の一篇「アプロディテへの讃歌」はこう表現している。

女神は神々の心に甘い恋への憧れをかきたて、
死すべき身の人間の族《うから》も、空を飛びかう鳥をも、
また陸と海とが育むあらゆる獣の類をも、その御心に従える。
(中略)
浄福なる神々にせよ、死すべき身の人間にせよ、
誰一人アフロディーテーの手を逃れることはかなわない。
(沓掛良彦訳)

アプロディテの力の前には、最高神ですら屈服せざるをえない。たとえば『イリアス』第一四歌では、戦場から夫の注意をそらすために、ヘラはアプロディテから魔法の力を持つ帯を借りて身につける。すると、いつもなら他の女にしか目が向かない恐妻家のゼウスが、このときばかりはめずらしいことにヘラに欲望を抱き、戦争のことなどすっかり忘れて妻と甘いひと時を楽しもうとする。しかも、こんな山の上では周囲から丸見えだからとヘラが人目をはばかるのに対して、ゼウスは、雲でおおってしまえばなんでもない、オリュンポスの館に戻るには及ばないとまで言い出す始末。官能をつかさどる女神の威力は、かくも驚異的で

ある。

一方、ゼウスはこの女神への意趣返しをたくらむ。いつも他の神々や人間たちの心に欲望を吹きこんではひとり楽しんでいるアプロディテに報復をしようと、ゼウスはこの女神の心に人間の男への思慕の念を抱かせた。ギリシア神話の世界では、人間の男性と女神の恋愛は禁じられている。だからこそゼウスはアプロディテの胸に、美しい羊飼いのアンキセスに対する抑えがたい恋心を吹きこんだのである。女神は人間との恋がご法度であることを承知し、自らの恋を恥じてもいる。けれどもアンキセスへの愛《いと》しい想いはどうしても抑えられず、アプロディテは少女の姿に変じて羊飼いを誘惑した。突然目の前に現れた美しい娘は本当は女神ではないかと、アンキセスは内心訝《いぶか》しがった。実際には、その信じがたいほどの神々しい美しさゆえに、彼は直感的に事実を見破っていたというほうが正しい。それでもアンキセスは誘惑に抗うことができず、恐れおののきつつも女神を受け入れた。

この交わりから生まれたのが、ウェルギリウスの『アエネイス』の主人公のアエネアス（ギリシア語ではアイネアス）である。アエネアスはトロイアの英雄で、ギリシア神話にももちろん登場するが、彼の名はむしろローマ建国の祖として名高い。トロイア陥落の際にアエネアスは父のアンキセスを背負い、妻子とともに祖国から脱出する。新天地を目指して苦難に満ちた航海を続け、ようやく約束の地にたどり着いた後、土地の王と争って勝利をおさめ、ついにローマの基礎を築くことになる。

アドニス

アプロディテの恋の相手はアンキセスだけではない。アドニスもまた、この女神が愛した美青年として名高い。アドニスは近親相姦から生まれた。オウィディウスの『変身物語』第一〇巻によると、キュプロスの王女ミュラは実の父親に恋心をいだき、その感情を恥じるあまり死を選ぼうとした。しかしミュラの乳母が彼女の恋の病に気づいて、死の淵《ふち》から救うために一計を案じた。乳母はミュラの母親が祭礼に出かけて留守の間に、実の娘だという事実が露顕しないよう巧みに仕組んで、ミュラを父親の寝室に送り出した。だが逢瀬《おうせ》を重ねるうちにとうとう恐るべき事実が発覚し、父は娘を殺そうとする。ミュラは逃亡し、九ヶ月のあいだ荒野をさまよったあげく神に祈り、生も死も拒んだところ、その体は没薬《もつやく》（ミュラ）の木に変身した。そしてこの樹木の裂け目から生まれたのがアドニスである。

アプロディテは、危険な狩りを好む恋人の身を案じ、獰猛《どうもう》な動物を追わないようつねづね警告していた（本章扉絵参照）。けれどもついに不幸な出来事が起こる。野生の猪を見つけたアドニスがそれを槍で突いたところ、獣が抵抗して牙を突き立てたため、彼は致命的な重傷を負った。恋人の悲痛なうめき声を耳にした女神は、すぐに彼のもとに駆けつけた。けれども、瀕死《ひんし》の人間を生き返らせる力は神といえどもない。女神が若者の血に神々の飲むネクタルをふりかけると、軽やかな風にはらはらと散るアネモネの花が生まれた。アネモネという名はギリシア語の「風」(anemos) に由来する。

オウィディウスは右のようにアドニスについて語るが、アポロドロスの『ギリシア神話』はこれとは別の話を伝えている。それによるとアプロディテは、没薬の木から生まれた愛らしい赤ん坊のアドニスを箱に入れて冥界の女王ペルセポネに預けた。けれどもペルセポネもアドニスの美しさに心を奪われて、アプロディテに彼を返すことを拒んだ。そこでゼウスの仲裁によって、アドニスは一年の三分の一を地上のアプロディテのもとで、三分の一を冥界の女王のもとで、そして残りの三分の一を好きなところで過ごすことになったという。

一年を分割して地上と地下で暮らすというモチーフは、年ごとに死と復活を反復する植物神に特有のものである。アドニスは没薬の木から生まれた。没薬は死体の防腐剤として用いられることから、彼の出自も死との結びつきを暗示する。つまりこの神話は、アドニスの前身が死んでは蘇る植物神であったことを示唆するものと解釈される。そして、死と再生を繰り返す若い男性神こそ、この章の冒頭で述べた太古の大女神に随伴するイヤー・ゴッドにほかならない。

一方、オリエントがギリシア神話に及ぼした影響について第一章で触れたが、オリエント起源の女神にも青年神が常につき従っている。前三〇〇〇年紀シュメルの女神イナンナにはドゥムジという青年神が、前二〇〇〇年紀のバビロニアやアッシリアの女神イシュタルにはタンムズが従っていた。フェニキアの女神アシュタルテには、セム系の言語のAdon（主）に由来する青年神アドニスが随伴していたが、ギリシアではこの同じ名前がアプロディテの恋人になったのである。

そしてアドニスは、アドニア祭と呼ばれる祭儀の中心的な神にもなった。この祭りでは女性たちが、アドニスの園と呼ばれる浅い陶器に植物を植え、発芽を早めるために湯を注ぐ。その植物は種を蒔くとすぐに芽が出るが、アドニスの短命を象徴するかのようにたちまち枯れてしまう。女性たちはアドニア祭のあいだ、家の屋根に登ってこの美少年のはかない命を悼み、アドニスの園のそばで一夜を過ごした後、生命の再生を祝うのであった。

パイドラの恋

アプロディテの絶大な威力はすべての生き物に及び、最高神ゼウスでさえその支配力を統御することはできない。けれども官能の女神のこれほどにも強い力を、断固として拒否する女神もいる。処女神のアルテミスとアテナ、そしてヘスティアである。ヘスティアは神話がほとんどないので割愛し、純潔を貫いた女神たちとして、次にアルテミスとアテナを取り上げることにする。

性的欲望を喚起するアプロディテと貞潔を尊ぶアルテミスの拮抗《きっこう》をみごとに象徴するのは、パイドラの恋物語である。パイドラはアテナイの英雄テセウスの後妻で、古典期の悲劇詩人エウリピデスの『ヒッポリュトス』(前四二八年)に登場する。舞台で繰り広げられるのはあくまでも人間たちのドラマであるが、その背後には神々が厳然と存在する。わたしたち近代人は情念を自分の心の中から湧き上がってくる内発的なものとしてとらえるが、古代人は激しい感情や狂気などを、外からとり憑《つ》くものとして理解していた。パイドラもまた、女神の徹底的な復讐の犠牲者として、激しい恋心に否応なしにとり憑かれる。

さてその悲劇的な恋の物語とは以下のようなものである。パイドラの夫テセウスには、先妻との間にヒッポリュトスという息子がいた。彼は狩猟に明け暮れ、純潔の女神アルテミスだけをひたすら崇拝していた。この青年の眼中には女性など一切なく、愛と官能の女神アプロディテを毛嫌いして敬意を払わない。神威をないがしろにされたアプロディテは、異性愛を拒否するこの不敬な若者に憤慨し、彼を罰するために彼の義母に激しい恋心を吹きこんだ。

パイドラはヒッポリュトスに想いをつのらせ、寝ても覚めてもため息をつくばかり。ついには、病の床に臥《ふ》すほど深く悩む。自らの恋を恥じ、いっそのこと死んでしまおうとさえ思いつめる。パイドラの乳母は彼女の身を案じ、その苦悩の原因を無理やり聞き出すと、彼女を救うためにその思慕の念をヒッポリュトスに伝える。ところが、この潔癖な青年には義母の懸想は邪悪な忌むべきものと映る。愛を拒まれたパイドラは恥ずかしさのあまり、首を吊って自害する。

けれどもそのとき意趣返しにパイドラは、ヒッポリュトスが自分を辱めようとしたという、嘘を伝える書き置きを夫に残した。テセウスは亡くなった妻の言葉を鵜呑《うの》みにして、即座に息子を館から追放するとともに、呪《のろ》いをかけた。すなわち、自分の妻を汚そうとした不埒《ふらち》な息子に死を与えたまえと、彼は父なる海神ポセイドンに祈ったのである。ポセイドンはテセウスの祈りをすぐに聞き入れた。家を追われ、戦車で海辺を走っていたヒッポリュトスは、海から突如として現れた怪物に襲われる。戦車からころがり落ち、馬に引きずられた青年はこうして短い生涯を終えたのである。ちなみにヒッポリュトスの名は、「馬によって引き裂かれる者」を意味する。

アルテミス

アルテミスは、大女神の特性の一つである「野獣の女主人」を継承した鳥獣の守護神であり、同時に森や野原をかけめぐって狩猟をする女神でもある。もともとは多産や子どもの守り神で、子を産む女性の神話は本来すべてアルテミスの神話であったとさえいわれる。しかし文献を見る限りでは、アルテミスはあくまでも処女神として登場する。

アルテミスは、性愛をめぐる立場ではアプロディテの対極に位置するが、畏怖すべき女神であるという点では官能の女神にまさるとも劣らない。「アルテミスの矢に射られる」という言い回しは女性の原因不明の突然死の比喩《ひゆ》的表現であり、死をもたらす一面がアルテミスにあったことを暗示する。アルテミスの矢による急死の物語で最もよく知られているのは、ニオベの物語である。ニオベは多くの子宝に恵まれたことを自慢し、アルテミスとアポロンの二柱の神しか産まなかった女神レトより自分のほうが子どもの数ではまさっていると豪語した。するとただちに、アルテミスとアポロンの矢がニオベの子どもたちに次々に襲いかかり、思いあがった母親から子どもを一人残らず奪い去った。ニオベは悲嘆のあまり、涙を流し続ける石になったという。

このようにアルテミスは傲慢な人間に対して非情な懲罰を下すが、供犠の怠慢に対しても容赦のない罰を科す。その厳しさを示す典型的な物語は、カリュドンの猪狩りの話である。カリュドンの町の王オイネウスは他の神々にはきちんと供え物をしたが、なぜかアルテミスへの奉納だけを失念してしまった。立腹した女神はカリュドンの町に巨大な猪を送りこんで畑を荒らさせた。そこでオイネウス王の息子メレアグロスが、ギリシア中から英雄たちを集めて狩りを行なった。猪はすこぶる獰猛であったが、格闘の末、メレアグロス自身がこの野獣にとどめの一撃を浴びせた。

しかし獲物を仕留めた名誉をめぐって、メレアグロスは母親のアルタイアの兄弟と争い始めた。口喧嘩はやがて武力行使に発展し、彼は自分の叔父にあたる人物を殺してしまったが、この諍いもアルテミスの陰謀であった。

しかしその殺害の後、メレアグロス自身も突如、息絶えてしまう。その背景には、次のような経緯があった。アルタイアは息子を出産したとき、運命の女神たちの言葉を耳にした。いま炉で燃えている木が完全に燃え尽きてしまうとき、赤子のメレアグロスの命も尽きるだろうという言葉を。そこで彼女はとっさに燃えさしの薪《まき》を拾い上げ、ずっと大切に隠していたのだった。しかしメレアグロスが自分の兄弟を殺したと聞いたとたん、アルタイアは逆上し、長い間しまっておいた燃えさしの薪をふたたび取り出して火に投じた。しかし後にアルタイア自身も、自らの手で息子を死に至らしめたことを悔いて、自害した。

一方、テーバイの王子アクタイオンの身に降りかかった悲劇も、メレアグロスの突然の不幸と同じく、神威の軽視に対するアルテミスの報復であった。この若者に関する最も古い証言は前六世紀にさかのぼる。抒情詩人ステシコロスによると、ゼウスがテーバイの王女セメレを愛していたとき、アクタイオンが横恋慕をした。ゼウスは不敬な青年に立腹し、アルテミスに命じて彼を滅ぼさせた。

《アクタイオンの死》前470－前460年頃（ボストン、ボストン美術館蔵）左側で矢を射るのはアルテミス

ステシコロスではゼウスの怒りがアクタイオンの死を招くが、エウリピデス以降、破滅の原因はアルテミスの怒りに変わる。すなわち、狩猟を好むアクタイオンは、女神アルテミスの逆鱗《げきりん》に触れたため、その姿をシカに変えられて死んだという話形になったのである。いきなり目の前に現れたシカの正体がアクタイオンであるとは思いもよらず、狩りの仲間たちはそのシカに猟犬たちをけしかけ、彼は自分の猟犬たちに引き裂かれて無惨な最期をとげた。シカのモチーフはステシコロスにも現れたが、女神がシカの皮を青年にかぶせるにすぎず、彼自身が変身するわけではなかった。

では、何がアルテミスの怒りを招いたのであろうか。アクタイオンへの女神の怒りの原因は時代によって変容する。悲劇詩人のエウリピデスは、この青年の傲慢さに対する女神の憤《ふん》怒《ぬ》にその理由を求めた。すなわちアクタイオンが狩猟の腕前を自慢して、アルテミスよりも自分のほうが狩りがうまいと放言したために女神はこの若者を滅ぼしたと、『バッカイ』（前四〇五年）は語る。

ところがヘレニズム時代になると、傲慢ではなく過失が、この若者を死に追いやることになる。すなわち、アクタイオンが森で狩りをしていたとき、ちょうど水浴びをしていたアルテミスの裸体を偶然にも見てしまう、そしてそれが女神を立腹させたという話形が現れたのである。アルテミスの水浴は神話に頻出するモチーフである。たとえば、クマに変身したカリストに序章で触れたが、彼女の妊娠の秘密が発覚したのは、女神が侍女たちとともに深い森で水浴びをしていたときであった。アクタイオンの破滅と女神の水浴を結びつける話形を初めて語ったのは、詩人で学者でもあったカリマコス（前三〇五頃－前二四六／五以降）の『讃歌』である。水浴のモチーフはオウィディウスの『変身物語』第三巻に受け継がれ、さらに後世の主流にもなった。

アテナ

アルテミスと同じく処女神であるアテナにも、これとよく似た伝承がある。水浴中のアテナの全裸の姿をたまたま目にしてしまったのは、アクタイオンと同じテーバイの人であるテイレシアスである。しかしアテナがテイレシアスに与えた罰は、動物への変身ではなく、視力の剝奪《はくだつ》であった。彼の母親が息子の目をふたたび見えるようにしてやってほしいと祈ると、アテナは視力を戻すかわりに、正確に未来を見通す超能力を授けた。そのおかげでテイレシアスは、何世代にもわたって生きた名予言者としてさまざまな物語に登場することになる。

ギリシア神話の神々はこのように、不敬な人間に対して常に神威を発動し、罰を下す。アテナから冷酷な懲罰を蒙った人物として最もよく知られているのは、アラクネという娘である。オウィディウス『変身物語』第六巻によると、アラクネは機織りの腕前を誇り、いつも人々からその技術のみごとさを賞賛されては有頂天になっていた。「そのすばらしい技は織物の女神アテナから賜わったのだろう」と人に言われると、彼女は傲然とそれを否定し、身のほど知らずにも「女神と機織りの競争をしてもよい、自分が負ければ、女神のお好きなようになさればよい」とさえ放言していた。聞き捨てならぬその言葉に、女神はただちに老婆の姿をかりてこの軽はずみな小娘の前に現れ、その傲慢さをやんわりとたしなめた。しかし自信満々のアラクネは、老女の説教を大きなお世話とばかりに拒絶したうえ、「なぜ女神自身がやってきて機織りの技を競わないのか」とうそぶく始末であった。

アテナはこのあまりにも思い上がった態度に立腹し、即座に女神本来の姿を現した。それにもかかわらず、傲岸不遜《ふそん》な娘は自らの勝利を信じて女神に挑む。神と人間の機織り競争が始まると（図参照）、女神のほうはオリュンポス一二神の姿とアテナイの伝説の図柄をメインに描き、神々の懲罰を受けた人間たちを四隅に配したすばらしい織物を仕上げた。一方ア

《アラクネの寓話（織女たち）**》ベラスケス、1657年頃**（マドリッド、プラド美術館蔵）**奥の部屋でアテナとアラクネが機織りの腕を競っている**

ラクネのほうは、ゼウスやアポロンなど男性の神々が女神や女性たちを誘惑する場面を集めた模様を織った。図案のテーマそのものが神々を敬わぬ冒瀆《ぼうとく》的なものであったこともさることながら、アラクネの織物の出来栄えが人間離れしたみごとなものであったこともアテナの不興を買った。女神が娘の作品を引き裂き、機織りの道具の梭《ひ》でその額を打ち据えると、娘は屈辱のあまり、自ら縊《くび》れて命を絶った。まだひもにぶらさがったままのアラクネに女神は一抹の哀れを覚え、その命だけは助けてやったが、彼女の体をせっせと糸を紡ぐ蜘蛛《くも》の姿に変えた。アラクネ（Arachne）は普通名詞では、「蜘蛛」

を意味する。

ところで、この物語でアテナが織り上げた織物には、女神自身の輝かしい勝利の場面の模様が織りこまれていた。これは、アテナイの守護神の地位をめぐる海の神ポセイドンとの覇権争いの物語である。アテナイを中心とするアッティカ地方の神を決めるために、アテナとポセイドンがそれぞれ、住民に最も有益と思う贈物をすることになったとき、アテナはオリーブの木を人々に贈った。ポセイドンは海の神にふさわしく、そのトレードマークの三叉《みつまた》の戟《ほこ》で地面を突いて海水を湧き出させた。あるいは、馬の神でもあることから馬を出現させ、調教の技を人間に授けたとも伝えられる。この勝負では結局、オリーブの木を出現させたアテナに軍配があがった。

なぜオリーブがそんなに尊重されたのか、わたしたちには理解しがたい。だがその理由は、オリーブの現実世界での経済的価値に求められる。今と同じように古代にもオリーブの実は食用に供され、その油は調理にも薬用にも用いられた。油は昔は、灯りをともすために欠かせないものでもあった。このようにオリーブは日常生活の必需品であった。しかしそれ以上に、アテナイの経済を支える重要な輸出品でもあったのである。

英雄の守護神

アテナはこのようにして、都市国家アテナイの守護神になった。アテナイ（Athenai）という都市名は女神の名称アテナ（Athena）の複数形であるため、英語のAthensにも複数形であることを示す-sがついている。この女神を祀《まつ》る神殿は、アテナが処女（parthenos）であるがゆえに、パルテノン（Parthenon）と呼ばれる。

アテナは戦いの神でもある。アテナが先史時代の大女神の流れを汲むことについてはすでに述べたが、太古の大女神は戦争とは無縁であった。それにもかかわらずアテナが戦闘の守護神になったのは、青銅器時代の女神が家を守護する神であったことに関係する。大女神は家の守護神から王や王家の守り神になり、やがて好戦的な支配者たちが先住民の大女神崇拝を継承したとき、王家の守護神が戦闘での勝利を保障する神に転じたのである。

英雄たちに神助を授ける役割もこれから派生したもので、アテナは英雄たちに援助や助言を惜しまない。アテナの英雄庇護については第五章でも触れるが、たとえば英雄ベレロポンのキマイラ退治やペルセウスのメドゥサ殺害を援助したのはアテナであり、剛勇ヘラクレスの華々しい成功の陰にも常にアテナがいた。そして、自分と同じくらい知恵がよくまわると女神自身が手放しでほめる知将オデュッセウスの物語でも、アテナは陰になり日向《ひなた》になって彼を助けている。

他方、この女神とアテナイの王族の緊密な関係は、次のような奇妙な神話として伝わっている。アテナイの五代目の王であるエリクトニオスは女神アテナの子とされる。処女神に子どもがいるわけはなく、王の血筋に箔《はく》をつける話にすぎないといえばそれまでであるが、それにしてもこの話はいささか荒唐無稽《こうとうむけい》である。戦の女神アテナが自分の武器を作ってもらうために、鍛冶《かじ》の神ヘパイストスを訪れた。このときヘパイストスにはきわめて異例のことだが、にわかに女神に性的な欲望を覚えた。生涯純潔を守る決意の固いアテナは当然のことながら、必死で逃げた。ヘパイストスは足が不自由だったが女神をとらえようと懸命に走り、やっと追いついたものの、女神の激しい抵抗にさえぎられて、ヘパイストスの精液がアテナの太腿にしたたり落ちた。処女神は即座にそれを羊毛で拭《ふ》き取って、その羊毛を投げ捨てた。するとガイア（大地）がその羊毛を受けとめ、数ヶ月後に大地から赤子が生まれた。これが後にアテナイ王になるエリクトニオスである。

第一章の図（四二ページ）の背後にはこのような物語があったが、エリクトニオス（Erichthonios）という名は、エリス（eris）「争い」またはエリオン（erion）「羊毛」と、クトン（chthon）「大地」の合成である。エリクトニオスはアテナイの歴史的現実と神話的虚構のはざまに立つ王で、後にアクロポリスの丘の上に女神の神殿を建設し、パンアテナイアという祭典を女神のために創始したと伝えられる。

パリスの審判

さてこれまでヘラ、アプロディテ、アルテミス、アテナをめぐる神話を取り上げてきたが、オリュンポスの女神たちのうちではまだデメテルが残っている。本来ならここでデメテルの神話に移るべきところだが、その前に、ヘラとアプロディテとアテナが争ったエピソードに触れておきたい。それは「パリスの審判」と呼ばれ、トロイア戦争の伝説の発端となった有名な話である。

《パリスの審判》ルーカス・クラナッハ（父）、1530年頃（カールスルーエ、カールスルーエ美術館蔵）**ヘルメスが三女神をパリス（左端）のもとに導いてきた場面**

この物語は古代の陶器にもよく描かれたが、ルネサンス時代になるとカッソーネという貴族の嫁入り道具の長櫃《ながびつ》の画題として好まれた。さらに、図のルーカス・クラナッハ（父）のほかにもルーベンスやワトー、モロー、セザンヌ、ルノアール、さらにラファエル前派のロセッティやバーン＝ジョーンズなど、多くの画家がパリスの審判をテーマにした絵を残したばかりではなく、二〇世紀に入ってからもキリコやダリ、ピカソらがこの主題を描いている。

このエピソードの中心人物は、別名アレクサンドロスとも呼ばれるトロイア王子パリスである。審判といってもスポーツ競技の判定ではない。パリスが主審をつとめたのは、一種の美人コンテストであった。

ことの発端は、トロイア戦争の英雄アキレウスの両親の結婚式にさかのぼる。ゼウスは海の女神テティスを追い求めていたが、テティスは自分の育ての親であるヘラをはばかってゼウスを拒んだ。ゼウスが彼女を断念したのは、テティスから生まれる息子はその父親をしのぐであろうという予言のせいであった。そこでゼウスは、ペレウスという人間の男に彼女を嫁がせることにした。人間との結婚は女神にとって決して望ましいものではなく、テティスは変身術を駆使して逃げ回ったが、最後には結局ペレウスにとらえられた。

すべての神々がペレウスとテティスの結婚式を盛大に祝うなか、ただ一人だけ華燭《かしょく》の宴に招かれなかった女神がいた。その名はエリス「争い」である。名は体《たい》を表わすという。争いを引き起こす女神エリスは名前のとおりトラブルメーカーであるから、招待されようとされまいといずれにせよ、問題を起こしたに違いないが、エリスはこれを恨み、「最も美しい女へ」と書かれた黄金の林檎《りんご》を祝宴のまっただなかに投げこんだ。争いの女神のもくろみどおり、この林檎をめぐって三柱の女神が競い始めた。ヘラとアプロディテとアテナが、この林檎は自分のものだと主張して譲らない。困り果てたゼウスは、争点となっている林檎の所有者を決めるためにその判定を羊飼いのパリスに委《ゆだ》ねた。

パリスはトロイア王プリアモスと王妃ヘカベの子であるが、ある事情から生まれてまもなく捨てられた。その事情とは、パリスの誕生直前に母親のヘカベが見た夢にあった。赤子ではなく燃え木を産み、その燃え木の炎がトロイア全体を焼き尽くすという、縁起でもない夢をヘカベは見た。予言者は、この夢はまもなく生まれる子が将来トロイアに破滅をもたらす予兆であると告げた。このお告げに従ってパリスは誕生後まもなく捨てられたが、生き延びて山のなかで羊飼いとして暮らしていたのであった。

さて、三柱の女神がヘルメスに先導されて、判定を仰ぐためにこの羊飼いのところにやってきたとき、女神たちはそれぞれ、自分に栄冠を与えるなら贈物を授けようとパリスに申し出た。実質的には、賄賂《わいろ》合戦である。ヘラは全世界を支配する王の権力を、アテナは戦争での勝利を、アプロディテは絶世の美女との結婚を、彼に約束した。そしてパリスが選んだのは、世界一美しい女性ヘレネとの結婚であった。しかし彼女はすでにスパルタの王メネラオスの妻であったために、ギリシアとトロイアの戦いの幕が切って落とされることになる。トロイア戦争にまつわる伝説については、第七章で詳しく述べる。

デメテル

最後に、デメテルを取り上げることにしよう。穀物の豊穣をつかさどるデメテルは、ゼウスとのあいだに一人娘のペルセポネをもうけた。デメテルとペルセポネはいわば一卵性の母子で、二柱でワンセットの女神として「エレウシスの秘儀」と呼ばれる秘儀崇拝の対象になっていた。秘儀の起こりとなった物語は、『ホメロス風讃歌』の一篇の「デメテルへの讃歌」で感動的に歌いあげられている。エレウシスの秘儀については次の章で触れることにして、まずその縁起譚を述べることにする。

「デメテルへの讃歌」によると、ある日ペルセポネが野原で花を摘んでいるとき、突然大地が割《さ》け、冥界の神ハデスが彼女を力ずくで地下に連れ去った。デメテルは愛する娘が突然いなくなったため、半狂乱になって娘を捜し求めた。一切の飲食を拒み、松明《たいまつ》を手に九日間、世界中をさまよい歩き、やっと一〇日目になってデメテルは、ハデスがゼウスの承認を得たうえで、ペルセポネを黄泉《よみ》の国まで拉致したのだということを太陽神ヘリオスから聞いた。

娘の父親のゼウスがこの誘拐に加担していたことを知ると、女神はますます悲しみを深め、激しい憤怒にかられた。そしてとうとう、神々の住むオリュンポスを去り、老婆に身をやつして、アテナイに近いエレウシスにやって来た。そこで偶然出会ったその地の王女たちの館に迎え入れられたが、悲しみに沈む女神は何も食べず、何も飲まずに沈黙し続けた。しかし、機転のきく侍女イアンベが卑猥《ひわい》な冗談を言って笑わせたので、女神はようやく食べ物を口にした。

けれども別の伝承によると、女神の笑いを誘ったのはイアンベの猥褻《わいせつ》な言葉ではなく、バウボという侍女が自分の性器を露出して滑稽なしぐさをしたためであるという。この伝承は日本のアマテラスの神話を思い出させる。太陽の女神アマテラスは弟スサノヲの暴行に腹を立てて、天岩屋戸《あめのいわやと》に隠れた。そのとき、天岩屋戸の外でアメノウズメが滑稽な踊りをしながら恥部をさらけ出したのを見て神々は哄笑し、アマテラスはその笑い声に誘われて、隠れ家から身を乗り出した。アマテラスを怒らせたのが弟のスサノヲであったように、デメテルの怒りを招いたのも兄弟のハデスとゼウスである。女神が兄弟に立腹して一時的に身を隠し、後に性的ユーモアを伴う卑猥な言葉や所作によって怒りを和らげるなど、デメテルの話とアマテラスの話には多くの点で類似が見いだされる。

侍女の猥談が女神をなごませたというモチーフに関連して少し脱線すると、この神話にちなむ宗教儀礼には、エレウシスの秘儀のほかにテスモポリアという祭典があった。前者は入信者集団だけで行なわれる排他的な秘密崇拝儀式であるが、後者はアテナイが主催する公認の祭典である。この祭典は現在の暦でいえば一〇月から一一月にあたる頃に、豊穣を祈願するために母なる女神デメテルと娘神ペルセポネに捧げられた。テスモポリアという祭礼の名称はデメテルの異名のテスモポロス「宝をもたらす者」に由来し、また、娘神を誘拐したハデスにも「富める者、富を与える者」を意味するプルトンという別名があった。テスモポロスもプルトンも、地下世界を死と結びつけて否定的に見るのではなく、富の宝庫としてとらえる肯定的な発想に裏づけられている。

テスモポリア祭には女性だけしか参加できなかった。この祭典では豊かな実りを祈願して、あらかじめ腐敗させておいた豚の屍体《したい》と穀物の種が祭壇に供えられた。他の神々には通常、牛や羊が生贄《いけにえ》に捧げられるが、デメテルとペルセポネへの犠牲獣として豚が選ばれたのは、この家畜が多産を象徴するからである。祭りの二日目には、悲しみのあまり飲食を拒んだ母なる女神をしのんで、祭礼参加者たちはまず断食をし、次に卑猥な言葉や罵詈《ばり》雑言《ぞうごん》を互いに投げかけあった。この奇異な儀礼行為はデメテル神話の故事、すなわちエレウシスの王の館でふさぎこんだまま飲食を拒み続けた女神を年老いた侍女が滑稽なしぐさや卑猥な言葉で笑わせたというエピソードに由来する。

さて、デメテルの物語の続きに戻ると、女神はエレウシスの王の館で乳母となった。そして第三章で述べるように、王子を不老不死にする儀式を繰り返したが、この試みは失敗に終わる。そのときデメテルは老婆という世を忍ぶ仮の姿を捨て、神として顕現した。そして、女神のために神殿を建設するようエレウシスの王に命じる。神殿が完成すると、女神は黒衣をまとってそこにひきこもった。豊穣をつかさどる女神の怒りと隠遁《いんとん》は、地上に旱魃《かんばつ》と深刻な飢饉《ききん》をもたらした。そこでゼウスも他の神々も、天上に戻るようデメテルを説得したが、女神の決意は固く、オリュンポスの神々の住まいに帰ろうとはしなかった。ついにゼウスは女神の怒りを解くために、娘を母親に返すよう冥界の王ハデスに命じた。

《ペルセポネの帰還》レイトン、1891年頃（リーズ、リーズ美術館蔵）地上で待つ母デメテルと手を差し伸べる娘ペルセポネ。寄り添うのはヘルメス

ところがハデスは、最愛の母との再会を心待ちにしているペルセポネに、柘榴《ざくろ》の実をひそかに食べさせたのであった。死者の国で食べ物を口にすると、二度と地上に戻ることはできない。この掟《おきて》に従ってペルセポネは完全には復帰できず、彼女の地上での生活は部分的なものになった。すなわち、一年の三分の一

を地下で冥界の女王として夫のハデスとともに暮らし、三分の二を地上で母親といっしょに過ごすことになったのである。無事に娘との再会を果たしたデメテルがゼウスの説得を受け入れてオリュンポスに帰ると、畑はふたたび実りを取り戻し、大地は木々の緑と花におおわれた（前ページの図参照）。

この神話は、デメテルが大地と豊穣の女神として地下世界すなわち死者の国とも深いつながりを保っていることを示している。娘神のペルセポネは、地面に蒔かれていったん地下に隠れ、ふたたび地上に芽を出す穀物の種子を体現している。デメテルとペルセポネは、神話では母と娘という分離的な形で表現されているが、宗教的には同一神格の二つの側面を示す不可分の神格である。生命の賦与《ふよ》と育成、死の支配という両面性は、この章の冒頭で述べた先史時代の大母神の二面性を思い起こさせる。

この神話の舞台は、アテナイ近郊のエレウシスである。その地でひそかに執り行なわれた両女神の崇拝はエレウシスの秘儀と呼ばれ、その教義は輪廻転生《りんねてんしょう》を説いた。この秘儀については章を改め、生と死をめぐるギリシア人の意識の問題と絡めながら考えることにしたい。

第三章　ギリシア神話における生と死

《ステュクス川を渡るカロン》パティニール、1510年頃（マドリッド、プラド美術館蔵）向かって左側がこの世、右側があの世として描かれている

死後の世界

前章の最後で取り上げたデメテルの神話は、娘神ペルセポネが冥界の女王になったという点でも、輪廻転生を説く秘儀宗教の縁起譚であるという点でも、死後の世界と結びついている。死は、人間にとって永遠の謎である。人は死ぬと、どうなるのか。人はこの世を去ってどこへ行くのか。死とは何か。生きることは死の練習であるとソクラテスは言った。死の問題は生を問うことと不即不離の関係にある。生は死によって照らしだされ、生きることの意味は死をどうとらえるかによって変わる。生と死をめぐる深い謎に、ギリシア神話はどんな答えを出したのだろうか。

この問題を考える前に、まず、死生観と神々の関係を見ておきたい。オリュンポスの神々は、不倫もすれば、盗みもする。裏切りも、争いも欺瞞《ぎまん》も辞さない。その一方では、戦場で負傷したわが子のために心を痛めるような子煩悩《こぼんのう》な一面もある。ときには恋に胸をときめかせ、嫉妬の炎を燃やし、怒りに身を震わせる。ギリシアの神々は、その言動も心情も、わたしたちとさほど変わらず、この限りでは人間にきわめて近い存在のように思われる。

しかしながら神と人間の間には、死をめぐって明確な一線が引かれていた。すなわち、神々は不死であるのに対して人間は死すべき存在である。それが人と神を分かつ決定的な違いであった。神の血筋を引く英雄とて決して不死身ではない。半分とはいえ、人の血が混じっているからである。ギリシア軍随一の勇士アキレウスでさえ、踵《かかと》を射られて落命した。人はすべていつか必ず死ぬ。この事実の認識は、ギリシア神話全体を貫いて流れる厳粛な通奏低音である。そしてギリシア人は神の永遠性との対比において、人間の有限性を自覚しながら、生と死をめぐる難問にさまざまな答えを出してきた。

さて、死について考えるとき、誰しも死後のことに思いを巡らせるであろう。極楽や地獄というものが本当にあるのだろうか。多くの人が一度はそのような疑問を抱くものだが、ギリシア人もまた彼岸の世界に思いを馳《は》せたのであった。最も古い文献から見ていくと、前八世紀頃のホメロスでは、死が訪れると同時に人間の肉体から魂が抜け出す。psychology（心理学）の psych- の部分はギリシア語のプシュケ（psyche）に由来するのだが、このプシュケこそ、生命の終焉《しゅうえん》の瞬間に身体を離れ去る魂であった。肉体から遊離したプシュケは、『オデュッセイア』第二四歌によれば、「魂の運び手」という意味のプシュコポンポスという異名を持つ神ヘルメスに導かれてハデスに入る。ハデスは冥界という場所を意味するとともに、デメテルの娘ペルセポネとともにこの地下の王国を統治する王の名前でもあった。

極楽浄土

貧富や貴賤《きせん》にも、また生前の功徳や悪行にも関係なく、ほとんどすべての人のプシュケつまり魂は肉体を出た後、ハデスの館に向かう。けれどもきわめて例外的ではあるが、人生の終末に、死のかわりにエリュシオンで永遠の生を授けられる者もいた。エリュシオンは、序章で自動車の名前として紹介したギリシア版パラダイスである。それは仏教における西方浄土と同じように世界の果てにあり、大地を取り巻いて流れる大洋オケアノスのほとりに位置する。エリュシオンは雪も雨も降らず、嵐もない最高の楽園であるが、ここに住むことができるのは、選ばれた者だけである。『オデュッセイア』第四歌でスパルタ王メネラオスはこの極楽浄土での生活を予言されるが、彼がそのような特権的な未来を約束されたのは、ゼウスの娘ヘレネの夫であるという理由からであった。

極楽系のパラダイスはもう一つある。ヘシオドスはそれをマカロン・ネソイと呼び、やはり世界のはるか彼方《かなた》に想定した。マカロンは「幸福な者たちの」、ネソイは「島々」という意味であり、この至福の島ではつらい涙も労働もなく、一年に三度も実りがもたらされ、あたたかい陽光がふりそそぎ、美しい花々が咲き乱れている。この至福の島とエリュシオンは多くの点で似ているため、しばしば同一視ないしは混同された。

合唱抒情詩人のピンダロスは『オリュンピア祝勝歌』第二歌で、至福の島にはペレウスとカドモスが住んでいると歌う。ペレウスは英雄アキレウスの父親で、海の女神テティスを妻に迎えていた。もう一方のカドモスはテーバイの建国の祖で、女神アプロディテと軍神アレスの娘ハルモニアを娶《めと》った。ヘレネを介してゼウスの女婿になったメネラオスと同じように、ペレウスとカドモスも、神の娘や女神との結婚を通じて神々の姻族になったのであり、それゆえにこそ、彼らは生の終末に特別な指定席を獲得したのである。

キリスト教の終末論との違いを一瞥《いちべつ》しておくと、ギリシア神話における死後のユートピアは、キリスト教の天国のように垂直方向に向かうのではなく、この世界の延長線上に水平方向に向かって想定された。またエリュシオンも至福の島も、存命中に善行を積んだ有徳《うとく》の人のためのパラダイスではなく、姻戚関係によって神界に連なった者にだけ約束される理想郷であり、永遠の安楽という特権を神から分与される場所なのである。

タルタロス

エリュシオンや至福の島のような光溢れる楽園があったのであれば、当然のことながら、それとは対照的な暗く恐ろしい地獄もあったのかという疑問が生まれる。

ギリシア神話で地獄に近いものとしては、タルタロスがあげられる。タルタロスはキリスト教の地獄と似ているといえば似ているが、その概念はキリスト教の地獄とは異なっていた。すなわち、キリスト教では存命中に大罪を犯した人間が地獄で懲罰を科されるのに対して、ギリシア神話のタルタロスは、本来は、罪人に暴力的な制裁を加える処刑の場ではなかったのである。

ではタルタロスとはどういう所なのだろうか。第一章で述べたように、この世に最初に現れたカオスからガイア（大地）が生じ、それに続いて生じたのがタルタロスであった。『神統記』によると、宇宙は三層構造をなしていた。神々の住む天上と、人間の住む大地と、大地の奥底にあるタルタロスである。これら三つの場所は垂直的にとらえられていた。つまり天から地上までの距離は「青銅の鉄床《かなとこ》が九日九夜落ち続けて一〇日目に届く」ほど隔たっており、大地とタルタロスの間もやはり「青銅の鉄床が九日九夜落ち続けて一〇日目に届く」だけ遠く離れていた。タルタロスは陰湿な奈落の底であり、そのまわりには青銅の垣根がめぐらされている。ここに最初に閉じこめられたのは、オリュンポス神族と戦って敗北を喫したティタン神族であった。

擬人化はギリシア神話の特性の一つである。奈落の底を指すタルタロスも、ただ一度だけだが擬人化の対象になった。すなわちタルタロスはガイアと交わり、その結果、怪物のテュポンが生まれたという。それはオリュンポス神族がティタン神族を破った後のことであり、テュポンはオリュンポスの神々を脅かす強敵となった。しかしこの怪物はゼウスの雷によって倒され、ティタン神族と同じように、この世界から遠く離れたタルタロスに監禁されてしまった。

このように見てくると、タルタロスは本来、単なる隔離場所にすぎなかったといえる。それも、宇宙的秩序の確立過程で最終勝利者となったオリュンポスの神々に反逆した者だけを幽閉する場であった。

タルタロスはたしかに、ゼウスによる世界秩序の構築を妨害する者たちを拘禁する牢獄ではあったが、厳しい拷問を受ける処刑場では決してなかった。ヘシオドスはタルタロスを「神々にとってさえ恐るべきもの」と表現するが、そこで虐待が実行されているとは述べていない。なぜなら、ここに閉じこめられること自体が恐怖を呼びさますからである。『イリアス』第八歌でも、ゼウスは他の神々に絶対服従を要求するとき、彼らを威嚇する手段としてタルタロスの名を口にする。すなわち、自分に逆らう者はタルタロスに投げこまれることになるだろうとゼウスが宣言すると、居並ぶオリュンポスの神々でさえいっせいに言葉を失うほど恐れをなした。これらのことから、タルタロスの基本的観念は謀叛《むほん》人を収容する隔離施設であったといえるだろう。

ホメロスとヘシオドスにおけるタルタロスは暴力的な制裁の場ではなく、ましてや死者が生前の悪業を償《つぐな》う地獄ではなかった。しかし後代になると、タルタロスは大罪人が死後に厳罰を科される仕置場《しおきば》に変貌した。たとえばウェルギリウスは、罪人たちがタルタラ（タルタロスのラテン語形）でいかに苛酷《かこく》な懲罰を受けているかを『アエネイス』第六歌で語る。この作品の主人公のアエネアスは冥界に下ってタルタラの巨大な門の前まで来ると、呻《うめ》き声や厳しい鞭《むち》打ちの音、鉄の軋《きし》み、枷《かせ》を引きずる音を耳にする。そのあまりの喧騒ぶりにアエネアスが驚いていると、案内役の巫女シビュラがその内部の様子を告げる。すなわち、ここでは判事のラダマンテュスが死者たちに、地上では発覚せず償いを死後まで持ち越したにすぎない罪科を自白させるという。そして、ゼウスを模倣しようとした冒瀆《ぼうとく》者のサルモネウスがここに突き落とされたほか、ヘラを凌辱《りょうじょく》しようとしたイクシオンは、常に回転する火焔《かえん》の車輪にはりつけられている。ここで罰を受けている罪人はほかにも多く、タルタラはさながら残酷な刑場の観を呈する。さらに、兄弟への憎悪や父親への暴力、依頼人への欺瞞、富の独占、不義密通による殺害、信義への背信、金のための売国、近親相姦といった凶悪な行為に及んだ人々がここで罰を待っているのであると、巫女は語る。

ハデスでの刑罰

存命中に重い罪を犯した人が死後に懲罰を受けるという考え方そのものは、ホメロスにも見いだされる。ただし、刑が執行される場は、ホメロスではすべての人間が死後に行くハデスの一隅であって、ウェルギリウスにおけるようにタルタロスではない。また、何に対して罰が科されるかという点でも、『アエネイス』と『オデュッセイア』には違いが見られる。

ウェルギリウスでは、科罰は倫理的な罪に対する応報として語られている。しかしホメロスでは、人倫の蹂躙《じゅうりん》を制裁するための刑罰という観点は濃厚ではない。『オデュッセイア』で罰が科されるのは、人と人の秩序の攪乱《かくらん》に対してよりもむしろ、神と人間の関係の侵犯に対してであった。

それではここで、冥府で責め苦にさいなまれる人々を見ることにしよう。『オデュッセイア』第一一歌はネキュイア（冥界下降）とも呼ばれ、オデュッセウスのハデス訪問が描かれる。黄泉の国に降りたオデュッセウスは、三人の罪人たちが苦悶《くもん》するようすを眺める。最初に目に入ったのは、獰猛《どうもう》なハゲタカに肝臓を食い破られながら横たわっている巨人ティテュオスである。彼は二羽の猛禽《もうきん》を手で追い払えないほど身動きがとれず、しかもたえずその臓器を鋭い嘴《くちばし》で傷つけられている。ティテュオスは女神レトに乱暴を働こうとしたためにレトの子アポロンとアルテミスに射殺され、来る日も来る日もハデスで悶絶することになったのである。

次に見えたのは、飢えと渇きに苦しむタンタロスであった。彼の体は池の水につかっているが、水を飲もうとすると水はすっと引いていく。頭上には果物がたわわに実っているけれども、タンタロスが手に取ろうとすると、果物はたちまち風にさらわれてしまう。『オデュッセイア』の詩人は彼の罪状について沈黙しているが、他の伝承によると、タンタロスは天上の宴会に列席を許されるほど神々の寵愛《ちょうあい》を受けていた。にもかかわらず、彼は神々の飲食物を盗んで地上の友人たちに分け与えたとも、タンタロスは返礼として神々を招待し、わが子を八つ裂きにして煮たものを食卓に供したともいう。

三人目の囚人のシシュポスは、重い大きな岩を何度も何度も坂の上まで運んでいる。あと一歩でやっと頂上というあたりまで来ると、岩は必ず落ちる。彼は繰り返し岩を押し上げるが、頂上付近で岩はまたもや斜面をころがる。先のタンタロスの場合と同様に、ホメロスはシシュポスに科された未来永劫《えいごう》の罰の理由について何も語っていない。しかし他の伝承は、シシュポスが神々を欺くほどずる賢い人物であったと伝える。つまり、ゼウスが彼のもとに死神タナトスを送りこんだところ、人間のなかで最も狡猾《こうかつ》な男といわれるシシュポスは死神をだまして捕まえた。死神が彼によって足止めされているために、しばらくの間は死者がまったくいなくなってしまった。ゼウスがそのことに気づいて死神を解放し、シシュポスを冥府に送った。しかしこの狡猾な男は、巧みな言い逃れで冥界の王を欺き、抜け目なくこの世に戻ってきた。すなわち、葬礼を済ませていない死者は冥界に入れないという掟を逆手にとって、シシュポスは、一方では妻に葬儀を禁じておきながら、他方、「葬儀も出さない妻を罰するために地上に戻してくれ、ハデスへは葬式の後に必ず出直すから」と冥界の王をだまして生き返ったのである。

スルヴィヌー＝インウッドという研究者によると、ホメロスが語る神話では、ハデスで拷問を受ける者たちの罪と罰は並行関係にある。まず、女神の身体に性的暴力を加えようとしたティテュオスは、自らの身体の自由を奪われ、その臓器を暴力的に傷つけられている。人間より上位にある神への凌辱の罪が、人間より下に位置する鳥の暴力で贖《あがな》われているのである。次に、神々との共食という特権を得ていたタンタロスに科された刑罰は、飲食行為そのものの阻止である。彼の罪は、食餌《しょくじ》に関する掟の侵犯である。天上の神々にだけ許された飲食物を下界の人間にもたらすこと、あるいは人間でさえ口にしない人肉を、しかもわが子の肉を神々に供することは、神や人間が摂取すべき飲食物に関する規定を侵蝕《しんしょく》する行為であった。最後に、シシュポスが犯した罪は、死の拒絶の試みと解釈される。シシュポスが永遠に繰り返している上下運動には、生者の住む地上と死者の住む地下の間を往復した彼の行動が反映されている。そして、死すべき存在でありながら死を回避しようとした彼の空しい試みは、決して完遂することのない不毛な努力という罰に投影されている。

スルヴィヌー＝インウッドの分析ではさらに、これら三人の罪人たちの神話は、人間の限界とその限界を人は越えるべきではないという認識を表明している。神は宇宙論的秩序の守護者である。敬うべき神と有限な人間とのあいだには、決して踏み越えてはならない境界がある。ティテュオスとタンタロスとシシュポスの罪はこのような人間性の限界を明らかにしており、この三人はそれぞれ「性」と「食」と「死」という、人間にとって根源的な問題に関する秩序を侵犯しようとしたために厳罰を科されているのである。

ハデス

ホメロスでは、ほとんどの人々が死後に赴く場所はハデスであった。ヘラクレスほどの卓越した英雄でさえ、『オデュッセイア』では他の普通の人々と同じように、死後はハデスの住民になっている。一方、第四章の最後で述べるように、ヘラクレスにはオリュンポスに昇って不死の特権を得たという伝説がある。後世にはこの伝説が一般に流布したが、ヘラクレスの神格化はホメロスにはまだ見られない。

では、そのハデスとはどんな場所なのか。そこでの死者たちのようすはどのようなものなのだろうか。日本では、死者は死後七日目に三途《さんず》の川を渡るといわれる。ギリシア神話にも彼岸と此岸《しがん》を厳然と分ける水の流れがあり、ステュクスという川がハデスを取り巻いて流れていると想像された。そしてステュクスという名には、この世とあの世の境界に特有の厳粛な雰囲気が漂っていた。すなわち、神や人が誓いを立てるときには常にステュクスが証人に立てられ、ステュクスにかけた誓約を破った者には重罰が科せられると受け止められたのである。

一方、古代の墓の調査からは、埋葬された者の口にしばしばコインが入っていることが判明している。貨幣を口に含ませる習慣は、冥界を流れるアケロン川を渡る際に死者が渡し賃として一オボロスを払わねばならないという俗信に基づくと推測される。ちょうど、三途の川の渡し船に一文銭がいるという仏教の言い伝えと同じである。この渡し賃は冥土の川の渡し守のカロンに支払われるといわれるが、カロンの名はホメロスにもヘシオドスにも一度も登場しない。この渡し守が初めて文献に登場するのは、前七世紀末期ないしは前六世紀のことである（本章扉絵参照）。

いよいよあの世に入る境目には恐ろしい試練が待ち受けているものなのだろうか。三途の川のほとりには、死者の衣を剝ぎ取る奪衣婆《だつえば》とそれを木の枝にかける懸衣翁《けんえおう》が待ち構えているという。ハデスの入り口にもやはり、残忍な番犬が待ち構えていた。三つの頭と蛇の尾を持つ、ケルベロスという猛犬である。ハデスの館に入って来る者にはじゃれついて歓迎するが、そこから出ようとする者を見つけると一人残らず捕えて放さず、情け容赦なく食いつくという。

黄泉の国の内部や亡霊のようすはどのようなものであろうか。オデュッセウスと部下たちはオケアノスの果てまで行って船を下り、地下のハデスの館に向かう。火焔の川（ピュリプレゲトン）と嘆きの川（コキュトス）が合流する地点で穴を掘ったあと、彼らは亡者たちを

《オデュッセウスとエルペノル》前440年頃（ボストン、ボストン美術館蔵）**左からエルペノル、オデュッセウス、ヘルメス**

供養する。そして用意してきた羊を犠牲に捧げて頸《くび》を切ると、その血に誘われて冥界の住人たちの霊がぞろぞろと集まってきた。

一行がそこで最初に出会ったのは、オデュッセウスの部下の一人のエルペノルであった（図参照）。彼は、一行が黄泉の国を訪問する前の晩に泥酔して屋根から転落した。しかしオデュッセウスは部下の事故死に気づかなかったため、その弔いもしないまま冥界に向かった。一方、然るべき葬礼を受けていない者はハデスの正式住民になれないため、エルペノルはまだハデスの館の入り口にいた。そして彼は、オデュッセウスを見かけると、地上に戻ったら必ず自分のために葬式をし、遺体を火葬に付して塚を築いてほしいと、生前の上司に懇願するのであった。

ハデスに住む亡霊たちは、レテと呼ばれる忘却の川の水を飲んで生前の記憶を喪失しているが、犠牲獣の黒い血を飲むことによって、記憶と発話能力を一時的に取り戻すことができる。オデュッセウスが生贄の羊の頸を切ったのはこのためである。

しかしこの世を去った者には実体がない。それゆえ、黄泉の国で出会う者はたとえ肉親といえども、ひしと抱きあうことはできなかった。オデュッセウスは自分の母親が自害してしまったことを、冥界を訪れて初めて知った。彼は深い悲しみに沈みながら母の亡霊と語り合い、三度も母に駆け寄ったが、母は「影か夢にも似て」、息子の手をふわりとすり抜けてしまうばかりであった。なぜ抱きあってくれないのかと問う息子に、母はこう答える。

人間は一たび死ねば、こうなるのが定法なのです。もはや肉と骨とを繋ぎとめる筋もなく、命の力が白い骨を離れるやいなや、これらのものは燃えさかる火に焼き尽され、魂は夢の如く飛び去って、ひらひらと虚空《こくう》を舞うばかり。

（以下、『オデュッセイア』の日本語訳は松平千秋訳を引用する）

アキレウスの意外な言葉

死者の身体は無感覚の骸《むくろ》であり、ハデスに住むのは人間の幻にすぎない。暗く冷たい死後の世界とは対照的に、この世に生きることをホメロスはしばしば「太陽の光を見る」と表現した。この言い回しが直截《ちょくせつ》に示すように、生とは明るい日の光がふりそそぐ地上に存在することである。そしてホメロスの世界の人々は、陽光のもとでの生をこよなく愛した。現世重視の死生観に貫かれるホメロスの世界では、ハデスは恐れられた。そのことを示すのは、冥府を訪れなければならないと告げられたときのオデュッセウスの仲間たちの反応である。彼らは、黄泉の国で予言者テイレシアスから帰郷の道筋を聞かなければならないと、女神キルケに命じられる。つまり、冥界下降は念願の帰国に欠かせない必須《ひっす》条件である。しかし、オデュッセウスの部下たちはこの命令を聞くと、その場に座りこみ、頭髪をかきむしって嘆いた。先に見たように、ホメロスにおけるハデスは、責め苦にさいなまれながら生前の罪を償う場所ではない。それにもかかわらず、オデュッセウスの部下たちが冥界訪問を嘆き、恐れるのはなぜだろうか。それは、陰惨なハデスにいったん足を踏み入れたならば、この明るい地上の生の世界に二度と戻ることができないからである。

光に満ち溢れる生へのホメロス的な愛は、思いがけない人物との黄泉の国での邂逅《かいこう》をとおして語られる。すなわちオデュッセウスは、戦場で命を落として今はハデスにいるアキレウスの亡霊に出会う。アキレウスは「なんの感覚もない骸、果敢《はか》なくなった人間の幻にすぎぬ者たちの住む場所」に何のためにやって来たのかと、涙を流しながら尋ねる。オデュッセウスはその質問に答えた後、こう述べる。

アキレウスよ、これまでもおぬしより仕合せな者はいなかったし、今後もそれは渝《かわ》るまい。以前おぬしが世に在った時は、われらアルゴス勢はみな、おぬしを神同様にあがめていたし、今はまたこの冥府に在って、おぬしは死者の間に君臨し権勢を誇っているではないか。さればアキレウスよ、死んだとて決して歎くことはないぞ。

だが亡霊となったアキレウスの返答は、オデュッセウスの予想に反したものであった。

勇名高きオデュッセウスよ、私の死に気休《きやす》めをいうのはやめてくれ。世を去った死人全員の王となって君臨するよりも、むしろ地上に在って、どこかの、土地の割当ても受けられず、資産も乏しい男にでも傭われて仕えたい気持だ。

最上位の地位にあろうとも泉下にあっては意味がない、最下位の身分に転落しようとも地上にあるだけでもまだ幸福なのだという死生観がここには認められる。ホメロスの世界では、悲しみや苦悩がどれほど多かろうと、生は一度限りのかけがえのない貴重なものであった。

オデュッセウスの選択

生を慈《いつく》しむ思いは、オデュッセウス自身の選択にも表われている。長い漂流の終盤で遭難したオデュッセウスは、ついに部下たちをすべて失ってしまった。そしてただ一人生き延びて九日間海上を漂い、女神カリュプソの島にたどり着く。女神は彼を愛し、七年も彼を島に引き止め、その間たえず、自分の夫になってくれるなら不死の身にしてやると彼にいい続けた。

しかしオデュッセウスの望郷の念は強く、いかなる辛苦にも耐えて帰国を遂げようという決意は固かった。それゆえにこそ、彼は女神と寝床を分かち合いながらも、食卓では一線を画するのであった。すなわち、カリュプソは神の食べ物であるアンブロシアと神の飲み物であるネクタルを口にするが、オデュッセウスはそれらのものには一度も手をつけず、あくまでも人間に許された飲食物しか口にしなかったのである。

エリュシオンに関する項で述べたように、女神との婚姻は死すべき身の人間が楽園での永遠の生を獲得する方法であるから、女神カリュプソとの結婚もオデュッセウスに不老不死を約束する。だが彼はその申し出を喜ぶどころか、毎日、海辺に座っては嘆き悲しみ、心をさいなみながら涙を流した。彼が女神の求愛を受諾しないのは、結婚によってたとえ不死が得られたとしても、その不死は彼にとっては死と同義であるからにほかならない。何年も行方

《オデュッセウスとカリュプソのいる幻想的な洞窟の風景》ヤン・ブリューゲル（父）、**1600年頃**（ロンドン、ジョニー・ファン・ハーフトン・ギャラリー蔵）

不明になっているオデュッセウスは、故国のほとんどの人々にとって死者も同然であった。しかし、オデュッセウスは妻と子のために、父と母のために、なんとしても帰りつかなければならなかった。彼を支えたのはおそらく、家族は自分の生を信じ、自分を待っているという強い信念であった。だが、カリュプソの島はハデスではない。だが、そこに滞在するオデュッセウスは冥界をさまよう魂の抜け殻に等しい。

そして実際、カリュプソの島は死のシンボルであった。なぜなら、それはまず絶海の孤島であり、人の住む躍動的な生の世界との交通は完全に遮断されている。そして、この島の描写もまた死を暗示するものである。女神の住まいである洞窟《どうくつ》の周囲には、ポプラや糸杉などの死を象徴する樹木が鬱蒼《うっそう》と茂っていた（図参照）。たとえ女神と結婚しようとも、カリュプソの島はオデュッセウスにとっては至福の島ではなく、そこでの暮らしは「太陽の光を見る」ことでさえもなかったのである。

不死願望

生の肯定は不死を希求する物語を紡ぐ。秦《しん》の始皇帝があちこちに家来を遣わして不老不死の仙薬を求めたが、結局見つからなかったという伝説はあまりにも有名だが、ギリシア神話にもそういった類の話があるのだろうか。

不死への願いを率直に表わしているのは、曙《あけぼの》の女神エオスの物語である。ちょうどカリュプソが愛するオデュッセウスとともに永久に暮らしたいと切望したように、曙の女神エオスも美貌のトロイア王子ティトノスを愛し、彼に永遠の生命を授けたいと願った。そこで、ティトノスを必定《ひつじょう》の死から解放してほしいと、曙の女神がゼウスに願い出ると、その願いは聞き届けられた。しかし女神はうかつにも不老対策を失念した。ティトノスは不死にはなった。しかし美形の王子といえども、さすがに年をとるとその魅力も色褪《あ》せていく。やがて曙の女神は恋人を遠ざけるようになり、ついには女神の館の一室に閉じこめてしまう。そしてティトノスは声だけの存在となり、最後にはセミと化したという。なんとも哀れな結末である。やはり不死は不老とワンセットでなければ意味がないということなのであろう。

不老不死は、意外なことに、すべてを焼き尽くす火とも結びついている。ホメロスの世界で死者が火葬によってあの世に送り出されるように、火は死や滅亡と結びついている。けれども燃えさかる炎が不純なものを浄化するのであろうか、次に述べるように、火は不老不死の獲得にも用いられた。火には、死を招来するとともに死を遠ざけるという二律背反的な魔力がある。

火の破壊的な一面は、たとえばディオニュソスの母が雷に撃たれて焼死したように、ゼウスの武器の雷に象徴される。カリュドンの猪狩りの英雄メレアグロスの最期（第二章参照）も、火が死を招く話である。メレアグロスの寿命は、彼の生命を象徴する燃えさしの薪が火に投じられると同時に絶えた。

他方、死の運命から人間を解放する魔術として火を用いるモチーフは、第二章で述べた女神デメテルのエピソードに見られる。エレウシスの王家に身を寄せ、生まれたばかりの王子デモポンの乳母となった女神は、赤ん坊の体に神の食べ物であるアンブロシアを夜な夜な塗りこんでは炎にかざし、王子を不老不死にする儀式を重ねていた。しかしやがて、赤子の母親がわが子の目を見張るような成長ぶりに疑念を抱き、ついにこの秘密の儀式を目撃したことから、女神の挑戦は中断される。火による不死化の試みが未遂に終わったことを告げることのエピソードは、デメテル女神の顕現と神殿建立のきっかけになり、魂の永遠不滅を説く秘儀の始まりとなる。

海の女神テティスも、やはり乳飲み子のアキレウスを不死にするために、同様の儀式を水あるいは火を用いて行なった。死すべき人間を父とするアキレウスは、死の定めを逃れられない運命であった。そこで母なる女神は幼いアキレウスを毎晩、冥界のステュクスの流れに浸し、その身体を不老不死に改造しようと試みた。だが、ある日それが夫のペレウスに露顕し、夫婦仲に亀裂《きれつ》が生じて、ついに別居に至ったという。そして、テティスが握っていた踵の部分がステュクスの水に浸らなかったため、そこだけがアキレウスの唯一の弱点となり、後年、いわゆるアキレス腱《けん》に矢が命中して彼は命を落とした。

ステュクスの水に浸すという伝承以前には、テティスが息子の体にアンブロシアを塗りこんで火で炙《あぶ》ったという伝説もあった。さらに別の伝承によると、テティスとペレウスにはアキレウスよりも前に六人の子らが生まれていたが、いずれも不死化の挑戦が途中で失敗に終わり、どの子も火に焼かれて死んだという。そして第七子のアキレウスだけが、幸いにも焼死寸前にペレウスによって救い出されたと伝えられている。

冥界からの妻の奪還の試み

いったん冥府に足を踏み入れた人の魂は二度と生者の間に舞い戻ることはできない。とはいえ、ある一定の時期には死者の霊魂が地上を訪れるとも考えられた。この発想はわが国のお盆のそれと似ているが、ギリシアでは霊魂がこの世に回帰するのは、現在の暦でいうと二月から三月頃に行なわれるアンテステリア祭の期間中であった。アンテステリアは春の再来を祝う祭典で、葡萄酒の神ディオニュソスに捧げられた。

アンテステリア祭の間、死者の霊魂は地上に舞い戻る。とはいえ、この帰還はあくまでも一時的なものにすぎない。死んだ後にはもう二度とこの世に戻れない、それが人の定めである。生身の体で冥界に降りた後にふたたび日の光を仰ぐというような離れ業は、凡人にはとうていなしえない。したがってハデスからの生還は、並みの人間をはるかに超える体力や知力を備えた英雄にとってさえ究極の偉勲と見なされた。英雄と称される人々は数多くいたが、この不滅の功績を打ち立てたのは、ヘラクレス、オデュッセウス、テセウス、アイネアスなどほんのひと握りの英雄だけであった。

序章で触れた天才音楽家オルペウスも、冥界からの帰還を果たした英雄の一人である。愛妻を亡くしたオルペウスは黄泉の国から彼女を地上に連れ戻そうと試みたものの、結局は失意のうちにこの世に戻る。冥界からの妻の奪還に失敗した物語は、周知のように日本の神話にもある。火の神カグツチを出産したイザナミが亡くなり、夫のイザナギは妻を地上に呼び戻そうと黄泉の国に降りる。しかしイザナミはすでに冥界の食べ物を口にしたために地上に戻ることができず、夫のイザナギに「見てはならない」というタブーを課した。しかしイザナギもオルペウスのように禁忌を犯し、妻を見てしまった。するとイザナミの体は醜く、蛆《うじ》虫だらけであった。激怒したイザナミは夫を追うが、イザナギは桃の実をばら撒《ま》いて難を逃れ、この世とあの世の境目を大きな石でふさいだ。イザナミは約束を破った夫に対してあの世から、今後は一日に一〇〇〇人の命を奪ってやると告げる。それに対してイザナギは、ならば一日に一五〇〇人の命をこの世に生み出そうと宣言した。

配偶者の生還を求めて冥土に下るという同じタイプの話でも、タブーを破った後の展開はイザナギとオルペウスとではまったく異なる。オルペウスのほうは、妻を取り戻す望みを完全に絶たれた後、引きこもってしまう。亡妻愛しさのあまり他の女には一切目をくれず、少年愛に走ったともいう。オルペウスのこの態度は、ディオニュソスの信女たちの憤りを招く。信女たちは祭りの狂乱のさなか、彼に襲いかかり、その遺体を八つ裂きにして川に投じた。オルペウスの頭部は、愛用の竪琴《たてごと》とともに川を流れ下っていき、抒情詩人として名高いサッポー（前六三〇頃－前六世紀中頃）の出身地のレスボス島にたどり着いたという。

オルペウス教

悲劇的な最期をとげたオルペウスは伝説上の架空の人物である。だがギリシア神話には現実と空想が微妙に交錯する曖昧な面があり、オルペウスは一方では歴史的実在人物として、密儀信仰の教祖とも見なされた。オルペウスが作ったと伝えられる詩も残されているが、実際にはそれはかなり後世の人の手になるものである。古代ギリシア人の宗教には教祖もなく、聖書やコーランに相当するような教典もないのだが、オルペウスを開祖と仰ぐオルペウス教は、創始者と聖典を持つ例外的なギリシア宗教である。

この教団は、一般のギリシア神話では葡萄酒の神であるディオニュソスをザグレウスという神と同一視する独特の神話を有していた。それによると、デメテル女神の娘ペルセポネと蛇の姿に変じたゼウスとの交わりから、ディオニュソス・ザグレウスが生まれた。ゼウスは自分の支配権を息子に譲るつもりであったが、ゼウスの一世代上の邪悪な神々の一族であるティタン族が幼いザグレウスを玩具《がんぐ》でおびきよせ、八つ裂きにしてその四肢をむさぼり食った。女神アテナが幼子の心臓をかろうじて救い出し、ゼウスがそれを呑みこんだ。その後は一般に流布するギリシア神話と同じで、ゼウスがテーバイの王女セメレと交わって新しいディオニュソスが生まれることになる。

このオルペウス教独自の神話は人間の誕生と本性についても語る。すなわち、幼いディオニュソスをむさぼり食うという極悪非道な行為に激怒して、ゼウスがティタン族を雷で撃ち滅ぼし、その灰から人間が生まれた。それゆえ人間には、ディオニュソス・ザグレウスに由来する神的な善なる部分と、残虐なティタン族に由来する邪悪な部分とがある、とオルペウス教は説く。人間に内在する神的な部分は霊魂と結びつけられ、その邪悪な部分は肉体と直結して、「肉体（ソーマ）は魂の墓場（セーマ）である」と見なされた。

このような考えから、オルペウス教団は肉体に関連する現世的な要素を否定して、入信者に殺生と肉食を禁じた。地上的なものの蔑視《べっし》は来世での救済と結びつき、帰依者たちは魂の輪廻転生を信じた。オルペウス教の教説は、生存中に秘儀を授かって徳の高い生活を送った後にハデスで罪の償いをするというプロセスを三度繰り返せば、罪が根絶されてエリュシオンで暮らすことができると説く。あの世での救済とは、死後に希望をつなぐことにほかならない。幸福は死後にこそあるのだと説く教義は、この世で貧困と労苦にあえぐ庶民の心をとらえた。霊魂の不滅を信じるオルペウス教は、前七世紀から前六世紀にかけて、アテナイを中心とするアッティカ地方や南イタリアを中心に広まった。

エレウシスの秘儀

民衆に支持された密儀宗教はオルペウス教だけではなかった。デメテルの神話を縁起とするエレウシスの秘儀もまた、入信者にしか開示されなかったが、ギリシアで最も古い秘儀宗教として多くの帰依者を得た。エレウシスはアテナイの西約二一キロメートルのところにあり、一八八二年から開始された発掘の結果、青銅器時代にさかのぼる集落跡も見いだされている。遺跡の建造物は、少なくとも前八世紀にはこの地でデメテルとペルセポネの崇拝が行なわれていたことを示している。

この秘儀の死生観も、オルペウス教と同様に、ホメロス的な死生観とはまったく異なっている。前章で述べたように、穀物の実りを支配する女神デメテルの娘の掠奪《りゃくだつ》と帰還は、穀物の種子の死と再生を象徴している。いったん冥界に隠されたペルセポネがふたたび地上に戻ったように、人の命も一度は滅びるにせよ、後に蘇生すると考えられた。ここには、植物の生命サイクルからの類推による生命の永遠の循環への信仰が認められる。ただし、生命が復活するためには、エレウシスの秘儀に与《あずか》ることが必須条件であった。『ホメロス風讃歌』の一篇である「デメテルへの讃歌」は、秘儀を授かった者を至福の者と呼び、秘儀に与らなかった者は冥界で入信者と等しい分け前に与ることはできないと歌う。秘儀を体験し入信することによってのみ、死後の幸福と永遠の生命が保証されたのであった。

エレウシスの秘儀の儀式は年に二回行なわれた。大祭のほうは種蒔きの頃、現在の暦では九月に執行され、娘神ペルセポネの帰還と結びつけられた。一方、小祭のほうは、麦の刈り入れが行なわれる春に催され、収穫された種子は、壺に納められて地下に貯蔵された。秘儀の内容は、聞くことも語ることも許されない神聖なものと見なされた。しかも入信者たちはその秘密を厳守したので、儀式や信仰内容は部外者にはほとんど知られていない。しかしエレウシスの秘儀は年齢や性別、家柄などにかかわらず、すべての人に開かれ、自由人にも奴隷にも入信が許されたため、多くの人々の心を強くとらえた。そしてアテナイの国力の増大とともに、ギリシア全土から幅広く崇拝を集めることになった。

ディオニュソスの秘儀

信奉者だけによるいわばプライベートな崇拝には、オルペウス教やエレウシスの秘儀のほかにディオニュソス崇拝があった。プラトンは『パイドロス』で神がかりによる狂気を四通りに分類し、「秘儀の霊感はディオニュソスがつかさどる」と述べている。ディオニュソスすなわち別名バッコスの信仰は、狂気を伴う秘儀宗教であった。ディオニュソスはデメテルと同じように秘儀崇拝の神格であったが、デメテルの秘儀が特定の場所で一定の時期に組織的に行なわれたのに対して、バッコスの秘儀は不定期的かつ個人的に行なわれたようである。

バッコスの秘儀は幸福な死後への希望を与え、たとえ一時的なものにすぎないにせよ、神格化を約束した。その信者の多くは女性で、独特の霊杖《れいじょう》や松明を手に山野を疾走し、楽器を打ち鳴らしながら熱狂的に踊り回る。バッコス崇拝の特徴は、オルギアと呼ばれる忘我的な狂騒にあった。陶酔と法悦に満ちた儀式が最高潮に達するのは、獣を八つ裂きにしてその肉を生のまま食べるときである。八つ裂きは現代人の眼にはぞっとするような儀式に映るが、切り刻まれる獣は、死と再生を繰り返す神自身と同一視された。神そのものである生肉を体内に取りこむことによって、信女はバッコスと合一してバッケになると信じられた。バッケ(Bacche)はバッコス(Bacchos)の女性形で、神との合一とは信者自身が神になることにほかならない。

ディオニュソスの信仰は青銅器時代から続いていたと推測されるが、その崇拝形態に反社会的な要素があるせいか、常に弾圧や迫害を受けた。多くのディオニュソス神話には、この神の崇拝に対する社会的な排斥が反映されている。テーバイの青年王ペンテウスがその信仰を抑圧しようとしてディオニュソスから受けた壮絶な神罰の物語は、前五世紀の悲劇詩人エウリピデスの『バッカイ』でドラマ化された。この悲劇では、ディオニュソスの信女たちの生態が幻想的に描写され、信仰とそれを排除しようとする権力との拮抗が描かれる。

終末論の変容

さて、死後の観念をめぐってかなりの紙面を割いてきたが、生と死への眼差しは、時代の推移とともに変貌をとげた。この章のはじめのほうで取り上げたピンダロスの『オリュンピア祝勝歌』第二歌は至福の島の住民として、ペレウスとカドモスのほかに、アキレウスの名もあげている。テティスがゼウスを説得して、息子をここに連れてきたという。しかし先に見たように、『オデュッセイア』第一一歌ではアキレウスの亡霊はハデスにいる。つまり、アキレウスの死後の居場所に一貫性が見られないということになるわけであるが、この矛盾はホメロス（前八世紀頃）からピンダロス（前五一八頃―前四三八頃）の間に死生観が変容したことを物語っている。

死生観の変化に伴って終末論も変容するが、その変容もピンダロスには反映されている。というのは、『オリュンピア祝勝歌』第二歌には、生前の行状への裁定と因果応報の観念が見いだされるからである。すなわち、人は死ぬと裁きを受け、生存中に暴慢であった者は死後に冥界で辛酸をなめながらその償いをする。それとは逆に、善なる人々はハデスで労苦の少ない生活を送る。そして生前三度にわたってあらゆる不正から魂を遠ざけた人々だけが至福の島にたどり着くという。楽園へのこのような到達方法に、オルペウス教の輪廻転生の観念が反映されていることは明らかである。

『オデュッセイア』から『オリュンピア祝勝歌』までのおよそ二五〇年から三〇〇年ほどの間に、ギリシア神話の天国と地獄には、入国資格と入国審査が加わった。そればかりではなく、その資格審査の基準として道徳的観点が重視されるようになった。至福の島は、神の寵愛を受けて不死を分有する特権的な英雄たちの終《つい》の棲家《すみか》から、生前に徳行を重ねた人々のための理想郷へと変貌したのである。

生の翳り

ホメロスの世界の人々は、光溢れる地上での生を、この世の苦痛や苦悩も含めて深く愛した。けれども時代が下るとともに、生を全面的に肯定するこのような姿勢に翳《かげ》りが見え始める。つまり、生は必ずしも喜ばしいものとは限らないという消極的な見方が現れるのである。ピンダロスは『ピュティア祝勝歌』第八歌に、次の一節を残した。

はかない定めの者たちよ！　人とは何か？　人とは何でないのか？　影の見る夢
――それが人間なのだ。しかしゼウスが光輝を授けてよこす時には、
光芒《こうぼう》が男たちの上に宿って甘美な生が訪れる。　　　　　　　　　　（内田次信訳）

人間は影の見る夢にすぎない、だが、神の授ける光が射せば、人の世は輝き、甘美な人生が訪れる。生はつかのまの幻影のようなものであって、無条件に喜ばしきものではない。こ

こに看取されるのは、条件つきの生の肯定である。生は喜ばしきものになりうる、だがそのためには神への畏怖の念がなければならないのである。地上の生を無条件に肯定するホメロスと比較すると、ピンダロスの生への眼差しには影がさし始めているといえるであろう。

このような陰翳《いんえい》は時代の進展につれて次第に濃厚になっていき、やがて厭世《えんせい》観と呼べるような死生観すら現れる。たとえば、ピンダロスより少し後に活躍した歴史家ヘロドトスは、こんな伝説を書き記している。

女神ヘラの祭礼のときに、ある女性がヘラの神殿まで行かなければならなかった。あいにく牛は畑を鋤《す》いていたため車を牽《ひ》くことができないが、徒歩ではとても間に合わない。そこで、彼女の二人の息子たちであるクレオビスとビトンが牛のかわりに車を牽いて、遠い道のりを走った。無事に神殿に到着すると、祭礼に集まっていた人々はこの親孝行な兄弟と立派な息子を持った母親をほめそやした。それを喜んだ母親は、人間に与えられる最もよいものを息子たちに授けてくださいと女神ヘラに祈った。この祈りに続いて犠牲式と宴会をすませると、クレオビスとビトンは眠りについた。だが、この二人がふたたび目を覚ますことはなかった。

ヘロドトスはこの伝説について、人間にとって生よりも死のほうが願わしいものであることを神がこの実例によってはっきりと示したのだという評言を、最後に付け加えている。死を生よりも望ましいものと見なすこの姿勢は、『オデュッセイア』におけるアキレウスの生の全面肯定となんと隔たっていることだろう。

生を否定的にとらえる人生観は、ピンダロスのライバルとされる抒情詩人バッキュリデス（前六世紀末―前五世紀後半）にも窺うことができる。オリュンピア競技会（前四七六年）でのシュラクサの僭主《せんしゅ》ヒエロンの勝利を讃える『祝勝歌』第五番で、バッキュリデスは、ヘラクレスが冥界でメレアグロスの亡霊と出会う神話的場面を描いた。第二章で触れた猪狩りの英雄メレアグロスは、突如として生命を奪われた無念さを嘆く。彼の悲嘆に対してヘラクレスは、「人の身に最善は生まれぬこと　陽の光を目にせぬこと」（丹下和彦訳）と口にする。この箴言《しんげん》めいた言い回しには、ヘロドトスと相通じるペシミズムが影を落としている。

とはいえ、この言葉は生への深い絶望の吐露ではなく、死者を慰めるための気休めであり、ペシミズムの度合いは次に見るソポクレスに比べると、まだそれほど深くはない。なぜなら、ヘラクレスの真意はその直後の「だがそれを嘆いてみてもはじまらぬ、むしろ何を果たすかをこそ言うべき」という言葉にこめられているからである。この世への誕生を不運と見なしながらも、生まれた以上は最善を尽くさなければならないという、諦念《ていねん》を含みつつも前向きな態度がまだここには看取される。

ところが悲劇詩人ソポクレスの『コロノスのオイディプス』（前四〇一年）になると、生に対する悲壮感はさらに深まる。すなわち、アテナイ郊外のコロノスの老人たちからなる合唱隊は、人生の辛酸をかこちながらこのように歌う。

生まれて来ないのが何よりもましだ。
が、この世に出て来てしまった以上は
もとのところに、なるべく早く
帰ったほうが、それに次いで、ずっとましだ。
（引地正俊訳）

合唱隊の歌は必ずしもソポクレス自身の人生観とは限らないが、この言葉に表明されている死生観はバッキュリデスのそれよりも否定の度合いが深まっている。バッキュリデスの『祝勝歌』第五番には、たしかに陰翳を含んだ人生観が垣間見られる。けれどもメレアグロスの亡霊は自らの不慮の夭折《ようせつ》を深く嘆くのであり、彼の嘆きは、生に対する構えが後ろ向きであっても、それでもやはり死を悲しいと感じる感性が健在であることを示している。それに反してソポクレスの悲劇では、誕生をも含めた生の営み全体が完全に否定され、速やかな死こそ望ましいと見なす厭世観が表明されているのである。

古典期の死生観は『オデュッセイア』のそれと、あまりにも対照的である。オデュッセウスは死の島での永遠の生をかたくなに拒み、死すべき人間のはかない生を選んだ。アキレウスの亡霊は、たとえ地上で這いつくばってでも太陽を仰ぎたいと切望した。『オデュッセイア』のこのような喜ばしき生の讃歌とは対照的に、生に対する絶望と死の希求というペシミズムが古典期になると広まっていく。

人生観にこのような正反対といってもよいほど大きな相違が生じた原因は何だったのだろうか。それは、時代状況の推移とともに古代ギリシアの政治・経済・社会などが変貌をとげたことと決して無縁ではなかったであろう。変容の理由を解明するには、歴史研究の分野からの検証が求められる。だが、人生で避けることのできない懊悩《おうのう》にもかかわらず、というよりもむしろ、苦悩を内包するがゆえになお一層いとしいものとなる生に対する輝かしい讃歌から、現世における人間的生を徹頭徹尾否定する暗い厭世観まで、ギリシア人の死生観にはたしかにとても一筋縄ではいかない幅の広さと奥の深さがある。

第四章　オリンピックとギリシア神話

オリュンピアのヘラ神殿現状

オリンピック今昔

これまでの章では神話の側から人間を見てきたが、この章では少し趣向を変えて、現実の側から物語世界に向かうことにしよう。その例として、歴史的な行事であると同時にその起源が神話と密接に結びついているオリンピックを取り上げてみたい。

近代オリンピックがフランスの貴族ピエール・ド・クーベルタン男爵（一八六三—一九三七）の提言によって始まったことはよく知られている。古代にオリンピック大会が行なわれていた場所は、地震や度重なる川の氾濫《はんらん》のために厚い泥に埋もれ、一四〇〇年もの間忘れ去られていた。しかし一九世紀になるとその地域の調査が始まり、一八七五年からは本格的な発掘も開始された。その調査報告を読んだクーベルタン男爵はオリンピック復興の夢にとりつかれ、古代大会をモデルに構想を練った。

近代の第一回オリンピック大会がギリシアの首都アテネで開催されたのは、一八九六年のことである。近代大会の主眼である世界平和を尊重する精神も、四年ごとの開催という慣例も、古代のオリンピックにならったものである。オリンピックと平和の結合は、古代以来の伝統なのである。古代オリンピックの会期中には、たとえ戦争中でも一時的に停戦するという取り決めが守られた。休戦期間は、最初はわずか一ヶ月だったが、やがて遠方から大会に足を運ぶ観客（正確には巡礼者）の旅の安全を守るために三ヶ月に延長された。しかも、大会開催中は戦争の一時的中断だけではなく、訴訟も死刑の執行も禁止された。

近代オリンピックはこの古代の行事を踏襲したのであるが、競技種目や大会の規模はもちろんのこと、そのほかの点でもオリンピックの古代と近代には大きな違いがある。そこでまず、古代オリンピックとはどのようなものだったか、近代大会とどう違うかなどに触れておこう。

まず、オリンピック（Olympic）という英単語は、古代に競技会が行なわれていたオリュンピア（Olympia）という地名から派生した。オリュンピアと神々の住む聖なる山オリュンポスは音が似ているので混同されがちであるが、両者はまったく別である。ペロポンネソス半島の北西部にあるオリュンピアで初めて運動競技会が行なわれたのは、前七七六年のことと伝えられる。そして最後の大会となった第二九三回大会が開催されたのは後三九三年であったから、この行事は実に一一六九年間もの長い年月にわたって継続したことになる。これほど長い歴史を誇る競技会が終焉したのは、最後の大会の前年つまり後三九二年に、ローマ皇帝テオドシウスがキリスト教をローマの国教と定めたためであった。それによって、キリスト教以外の宗教の行事が全面的に禁止されることになったのである。

宗教行事としてのオリュンピア競技会

このようにして、異教の祭祀禁止令に伴い、伝統ある競技会は終熄《しゅうそく》した。このことが示しているように、古代のオリンピックは正真正銘の宗教行事であった。この点にこそ、オリンピックの古代と近代の最大の違いがある。近代五輪の主眼は、各国の政治的対立や選手たちの宗教的相違を乗り越えて、スポーツそのものを競いあうことに置かれている。それとは対照的に、古代の大会は最高神ゼウスに捧げられた宗教的な行事であった。長い歴史のなかで大会の性格が変わった面も、もちろんあった。しかしその出発点となる基本精神はやはり信仰に置かれ、選手たちの全力疾走や死にもの狂いの格闘も、もとをただせばゼウスに奉納するために行なわれた。すべての競技の根本には、美しく均整のとれた身体や卓越した運動能力を示すことが神を喜ばせるという発想があった。したがって、たとえば競走の場合、選手たちは神を讃えるために疾走するのであるから、ゴールはゼウスの祭壇の近くに設けられていた。また、大会の初日と最終日には競技会の主神に生贄が捧げられ、神事が執り行なわれた。競技者の宣誓も、当然ゼウスに対して行なわれた。このように、古代オリンピックは終始一貫して宗教行事であった。

開催の場所や時期も、もちろん宗教と深い関わりがあった。近代オリンピックの開催都市は大会ごとに変わるが、古代には、四年に一度の競技会は必ずゼウスの聖地オリュンピアで行なわれ、その時期もほぼ決まって同じであった。すなわち祭典が開催されたのは、夏至の後の二回目もしくは三回目の満月の日がその中日にあたるとき、つまり八月中旬から九月中旬の間のことで、真夏の炎天下である。ギリシアの夏の暑さは格別なので、なぜこんな灼熱《しゃくねつ》のさなかにスポーツに専念したのか不思議に思われるが、その理由はこの時期が農閑期であったことと関係する。ちょうど農作物の収穫が終わり、次の作業までほっとひと息ついて、人々が旅に出られるのはこの時期なのである。古代の観客たちがオリュンピアを訪れる目的はスポーツ観戦だけではない。それは、ゼウスの聖域を参拝するための巡礼でもあった。旅行が今ほど迅速でも快適でも安全でもなかった時代に、巡礼者であるとともに観客でもある人々が遠路はるばる足を運ぶことのできる時期であったからこそ、大会は農閑期に開かれたのである。

そしてこれもやはり宗教的側面に関連することであるが、神に捧げられた古代のスポーツ大会はオリュンピア競技会だけではなかった。ゼウスを讃える祭典には、このオリュンピア競技会以外にも、ネメア競技会があった。ネメアは、遺跡で名高いミュケナイの北方にある。そしてネメアのさらに北にあるコリントスでは、海の神ポセイドンのためにイストミア競技会が行なわれた。また、神託で有名なデルポイでは、アポロンを讃えるためにピュティア競技会が開催された。オリュンピア、ネメア、イストミア、ピュティアの四大競技会はいずれも神に奉納された運動競技会で、それぞれに特色があった。とはいえその規模や動員力の点で、そしてなによりも栄誉の高さの点で、オリュンピア競技会にまさるものはなかった。

宗教以外の相違点

それでは宗教以外の点では、古代のオリュンピア競技会と近代オリンピックにはどのような違いがあるのだろうか。まず開催期間は、現代では二週間程度だが、古代の初期にはわずか一日だけであった（ただし、後には五日間に延びた）。競技種目のほうは、現代では大会ごとに増加する傾向にあるが、古代にはその数が今よりずっと少なかっただけではなく、当然その内容も異なっていた。ボールを用いてチームで勝敗を競う集団的な球技は、近代になってから発達したものであるから、古代には当然存在しなかったし、水泳や体操もなかった。古代の第一三回大会まで行なわれていた唯一の競技は、短距離競走であった。

オリュンピアの競技場のトラックを走る競走では、その距離は一スタディオンであった。スタディオン（stadion）という距離単位は、観覧席を備えた運動競技場という意味での現代のスタジアム（stadium）の語源になった。一スタディオンの正確な長さは時代や地域によって一定ではないが、だいたい一八〇メートルから一九二・二メートルで、歩幅の六〇〇倍にあたる。この距離を英雄ヘラクレスはひと息で駆け抜けたという言い伝えが残っている。

その後、スタディオンを往復するディアウロスや、スタディオンのおそらく二四倍の距離を走るドリコスと呼ばれるレースなども競技種目に加えられるようになった。

競走のほかにはレスリングも比較的古くからあったが、運動種目は次第に増え、やがて円盤投げ・幅跳び・槍投げ・競走（その距離はおそらく一スタディオンであったと推測される）・レスリングからなる五種競技や、ボクシング、競馬、戦車競走なども加わった。現代人の感覚ではとうてい信じがたいことだが、禁止事項は咬《か》むことと目に指を突っ込むことだけという乱暴な格闘技も古代にはあった。パンクラティオンと呼ばれたこの種目は、ときには死者も出るほど荒々しいもので、それだけに人気も高かった。

今と昔の感覚の違いを示すのはそれだけではない。戦車競走にも現代の常識との相違が見られる。汗と涙を流して過酷な練習に耐えたスポーツマンにこそ栄誉が授けられるべきだとわたしたちは思うが、古代の戦車競走の優勝の栄冠は、危険と背中合わせに戦車を操縦する御者にではなく、戦車と馬の所有者に授けられたのであった。

戦車競走は古代オリンピックで最も人気を博した種目であったが、現代の花形種目は大会最終競技のマラソンである。意外に思われるかもしれないが、マラソンは古代オリュンピアの競技種目にはなかった。とはいえ、四二・一九五キロメートルを走るマラソンレースの故事来歴はよく知られている。すなわち、ペルシア戦争のときに、ある兵士がギリシアの勝利を知らせるために、アテナイの北東にある古戦場のマラトンからアテナイまで走り続け、市民に勝利を告げたとたんに息絶えた。この故事にちなんでマラソン競技が興ったという。しかしながらこの故事に関する古代の文献には食い違いが多々あり、これが作り話ではなくたしかに歴史的事実であったということを裏づける決定的な証拠はない。

競技者たち

古代大会では原則として、裸で競技に臨むことになっていた。唯一の例外は、重い兜《かぶと》と脛《すね》当てをつけ、手に盾を持って走るホプリトドロモスという武装競走である。ヌードでの競技という原則は現代人の目にはまことに奇異なものにうつるが、全裸のアスリートの姿はおもに陶器画に描かれているにすぎず、文献記録によると、選手は下半身をおおう下着だけは身につけていたようである。選手が裸体で出場するようになった理由はいくつか推測されている。真夏の暑さももちろんその原因の一つであろう。だが、ギリシア人は鍛えられた筋肉と日焼けした肌を誇り、身体をおおうのは野蛮人の好みと見なして、それとは対比的に自分たちのすぐれた身体を誇示しようとしたという説明はなかなか説得的である。近代になって最初に開催されたオリンピックは、出場資格を男性に限定するといった具合に、古代の流儀を忠実に守ったが、裸体で競うという古代の慣習はさすがに近代には持ちこまれなかった。

オリンピックの出場資格に触れておくと、古代の競技者は男性だけであった。ただし、後に触れるように、ヘライアという女子専用の別の競技会も催された。オリンピックでの女人禁制の原則は近代に入ってからも第一回アテネ大会では踏襲されたが、第二回大会以降は女性も競技に参加できるようになった。国際オリンピック委員会（ＩＯＣ）の資料によると、一九〇〇年のパリ大会に出場した一〇六六名のうち一二名が女子選手だったという。古代オリンピックでは、既婚女性には出場はもちろんのこと、観戦さえも禁じられていた。会場で発見された女性は罰として険しい山から突き落とされたという。

原則には例外がつきものである。オリンピックの場合も、参観を公認された女性がただ一人だけいた。それは穀物女神デメテルの巫女で、宗教的な理由から女神の祭壇のところで観戦が許された。一方、巫女の合法的な参列とは対照的に、非合法に大会に参加した烈女の逸話も伝わる。ある母親がボクシングに出場する息子のコーチとして男装して会場にもぐりこんだ。しかし息子が優勝すると、母親は喜びのあまりトレーナー用の柵《さく》を思わず飛び越え、そのとき、衣服で隠していた性別が露顕してしまった。それ以来、トレーナーも登録時には裸になるという規則ができた。普通なら、会場に忍びこんだ既婚女性は崖《がけ》から突き落とされるはずであったが、この教育熱心な母親はスポーツ一家に属していて、彼女の父も兄弟も息子もすべてオリンピック優勝経験者であったために罰せられなかったという。

もう一つ女性の話題をあげておくと、女性は競技への出場こそ許されなかったものの、優勝することはできた。競いもしないで優勝が可能とは奇妙だが、先述のように戦車競走の栄冠は御者ではなく、馬と戦車のオーナーに与えられたからである。スパルタ王の娘キュニスカは戦車競走で優勝して、「私は、すべてのギリシア人のなかで、冠をいただく最初の女である」という碑文を残した。

現代のスポーツの祭典ではタイムや点数などが重視されるが、古代には一位になることだけが重要であった。したがって優勝者名の記録は残るものの、タイムや競技記録、あるいは二位や三位の者についてはまったく不明である。オリュンピア競技会では勝利者にオリーブの葉で編んだ冠が授けられるだけであったが、優勝が輝かしい名誉であった点は今も昔も変わらない。また、古代の国家の概念は近代のそれとは異なるので、現代のオリンピック大会における国旗掲揚や国歌吹奏は、いうまでもなく、古代には行なわれなかった。

逆に、現代にはなくて古代に特有のものは、優勝者のために作られる彫像と頌歌《しょうか》である。オリュンピア大会に限らず、ネメアとイストミアとピュティアという他の三つの運動競技会でも、優勝者は頌歌の制作を詩人に依頼した。勝利を賞賛し、その栄光を讃える祝勝歌には、優勝者やその一族の祖先にちなむ神話や伝説が盛りこまれた。このジャンルはシモニデス(前五五六頃―前四六八頃)という詩人によって確立され、シモニデスの甥《おい》のバッキュリデスや、バッキュリデスのライバルであったピンダロスも、神話的言説をちりばめた祝勝歌によって優勝者たちの勝利を永遠不滅のものにした。

オリュンピアのゼウス神殿

これまで古代オリュンピア競技会と近代五輪の違いを見てきたが、競技会が開かれたオリュンピアの地をもう少し詳しく見ることにしよう。オリュンピアはペロポンネソス半島の北西の、イオニア海に面したエリス地方というところにある。アテネとスパルタが覇権を争ったペロポンネソス戦争はよく知られているので、ペロポンネソスと聞くとただちにスパルタという都市名が連想される。スパルタはペロポンネソス半島の南部に位置するラコニア地方にある。一方オリュンピアのほうは、ラコニア地方の北西に位置するエリス地方にあり、ギリシアの最高神の聖地であった。そしてここには、ゼウスを祭る壮麗な神殿がそびえていた。その神殿が最初にオリュンピアに建てられたのは前四七〇年から前四五六年頃のことで、往時には三六本もの巨大な大理石の柱で支えられた壮大な建物であったが、現在ではその地に残る遺構からかつての威容のほどを想像するしかない。

ただし、オリュンピアはゼウスの聖域であるが、その地で最も古い神殿はゼウス神殿ではない。この聖域の最古の建造物はゼウスの妃ヘラの神殿で、現在も本章扉の写真のようにその遺構が残っている。現代のオリンピックでは聖火がリレーで開催都市まで運ばれてくるが、その採火の儀式は古代風の白い衣装をまとった女性たちによって、このヘラ神殿で太陽の光を集めて行なわれる。

古代ギリシアにおける神殿の概念は、信者が集う場としてのキリスト教の教会とは異なり、基本的には神の居場所であった。したがってオリュンピアのゼウス神殿には、威風堂々たるゼウス像が本尊として安置されていた。高さが一二メートル以上もあったこの神像は、古代世界の七不思議の一つと見なされている。その制作者ペイディアス（前四九〇／八五頃－前四三〇頃）は、古典期に、つまりアテナイというポリスが最も繁栄していた前五世紀に活躍した著名な彫刻家で、アテナイのパルテノン神殿の本尊であるアテナ女神像を制作し、その後、前四三八年以降にオリュンピアに移ってゼウス神殿のために礼拝用の像を作ったという。パルテノン神殿のアテナ像もオリュンピアのゼウス像も黄金と象牙《ぞうげ》でできていたが、残念ながら二体ともオリジナルは失われてしまっている。

オリュンピアのゼウス像は、古代ギリシア人ならたいてい一生に一度は目にしたことがあっただろうといわれ、その制作には有名な逸話が伝わっている。ペイディアスは、この像を作るときに実在人物のうちの誰をモデルにしたかと他の人から聞かれたとき、当時なら誰もが暗誦していた叙事詩『イリアス』第一歌の一節を口ずさんだという。それは次に引用する部分で、英雄アキレウスの母である女神テティスの嘆願に、クロノスの子ゼウスが耳を傾けるくだりである。

クロノスの子が漆黒の眉を俯《ふ》せて頷いて見せると、神々《こうごう》しい髪がゼウスの不死なる頭から靡《なび》き垂れて、オリュンポスの巨峰もゆらゆらと揺れ動いた。（松平千秋訳）

《ユピテルとテティス》アングル、1811年頃（エクス＝アン＝プロヴァンス、グラネ美術館蔵）

『イリアス』のこの一節を視覚化した近代の絵画に、アングルの『ユピテルとテティス』（図）がある。アングルの描いたゼウスは王者の風格を備え、威厳に満ちて堂々としているが、左の隅から妃のヘラが疑わしそうに目を光らせているせいもあって、玉座に座すゼウスの姿はいくぶん暗い威圧的な印象を与える。

では、ペイディアスのゼウス像は

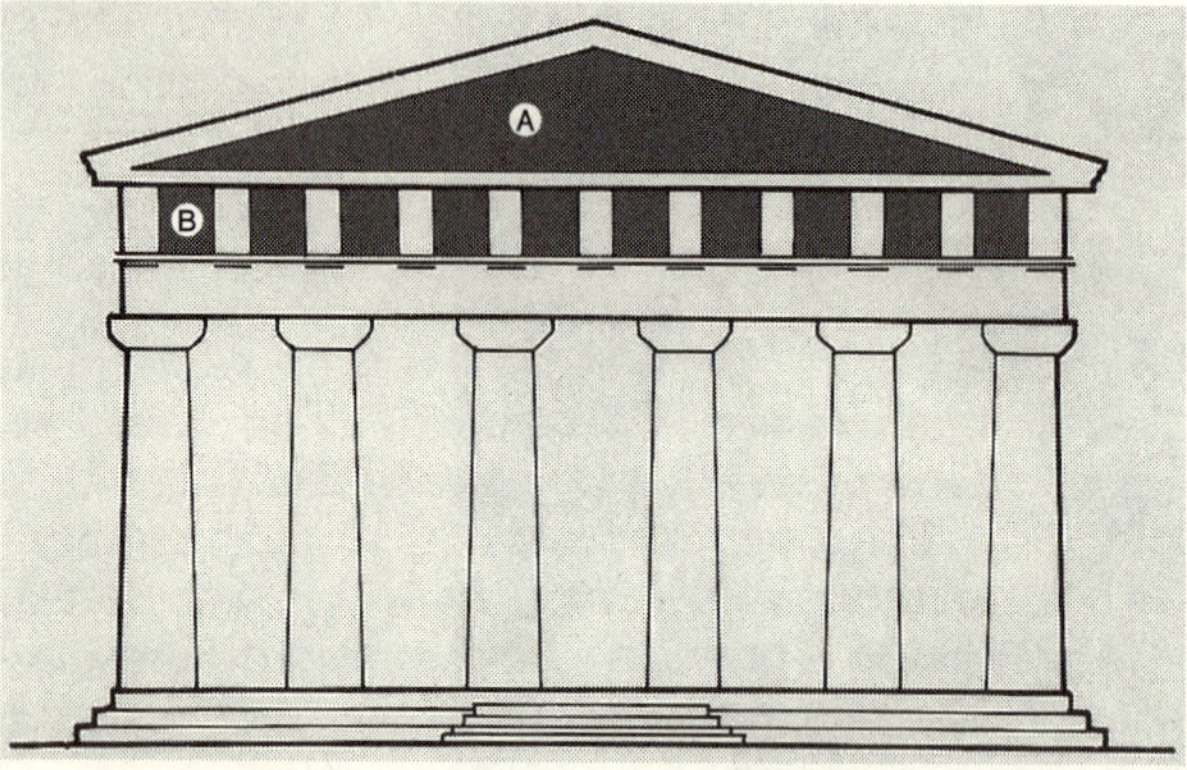

ドーリス式神殿の立面図。A：ペディメント（破風）、B：メトープ

どうだったのであろうか。弁論家のディオン・クリュソストモス（四〇頃－一一二頃）は、実際にこの像を目のあたりにしてこう評した。「魂に傷を負った者、人生の多くの不幸と苦難を経験した者、安らかな眠りを与えられなかった者、このような者でも、この神の像の前に立つと、人生のあらゆる苦しみと過酷な経験を忘れられると、わたしは信ずる」（中村るい訳）。このコメントを読むと、今その像を見ることができないのはとても残念なことに思われる。

オリンピックの起源の神話

さて、この像が納められていたゼウス神殿そのものに話題を戻すと、この神殿はオリュンピア競技会に関連のある人物群像のレリーフで装飾されていた。古代ギリシアの神殿には、上図のように、ペディメント（破風《はふ》）とメトープと呼ばれる部分があり、ゼ

ペロプスとオイノマオスの戦車競走の準備、前475－前450年頃（オリュンピア、オリュンピア博物館蔵）**上はゼウス神殿の東ペディメントの復元図、下は上図の枠内の現状**

ウス神殿の東側のペディメントは、オリンピックの起源となった神話上の人物たちの群像で飾られていた。破風の最も高い中央部分には、ゼウスの浮き彫りが立っていた。古代ギリシア人は神は人間より背が高いというイメージを抱いていたので、最も長身のゼウスが破風の中央に描かれるのは理にかなっている。

その他の人物に関しては異論もあるが、ゼウスの右（向かって左側）に立つ人物は、オイノマオスという神話的な王と推測される。ゼウスの左（向かって右側）にはペロプスという若者が、さらにその左には、オイノマオス王の娘ヒッポダメイアという若い王女が立っていたと推測されている。オイノマオス、ペロプス、ヒッポダメイアという三人の神話的人物こそ、オリンピックの始まりに関係する伝説の登場人物である。そしてこの破風の群像の背後には、次のような伝説があった。

オリュンピアのすぐ近くにあるピサという町の王オイノマオスには、ヒッポダメイアという娘がいた。しかし王は娘を嫁にやりたがらなかった。娘を溺愛《できあい》していたためとも、娘の夫となる人物に殺されるという予言を恐れたためとも伝えられる。娘に求婚者が現れると、父親のオイノマオス王は戦車競走を求婚者に要求するのであるが、それは一風変わった命がけのレースであった。

まず、求婚者は王女ヒッポダメイアを戦車に乗せると、王よりも一足先に出発する。次に王のほうはその後、ゼウスに生贄を捧げ、おもむろに武装し、求婚者よりもずっと遅れてスタートを切る。先に出発した求婚者は、そのまま王に追いつかれずに目的地のコリントスまで無事にたどり着くならば、王女との結婚が許される。けれども途中で王女の父親に追いつかれると、その求婚者はこの戦車競走に敗れたことになり、情け容赦なく生命を奪われるのであった。

後から出発するという不利な条件にもかかわらず、オイノマオス王は常に余裕たっぷりに途中で求婚者に追いついた。なぜなら王は戦の神アレスの子で、特別速い戦車と駿馬《しゅんめ》を父親から授かっていたからである。ついでながら、ヒッポダメイア（Hippodameia）の「ヒッポ」は馬を意味するギリシア語の「ヒッポス」(hippos)に由来する。「ダメイア」は「飼い馴《な》らす」という意味の動詞のダマゼイン(damazein)と関係し、王女の名は「馬を調教する女」を意味する。

ペロプス

すでに一二、三人の求婚者がこの残忍なレースで命を落とした頃、ペロプスという若者がピサにやって来た。第三章で飢えと渇きに苦しむ冥界のタンタロスに触れたが、ペロプスはこのタンタロスの息子である。非道な父親は息子を料理して神々の食卓に供したが、神々の特別なはからいによってペロプスは蘇ったのである。彼は後に南ギリシアの大半を治める王になり、ペロプスの統治が及んだ大きな半島は、その名にちなんでペロポンネソス（ペロプスの島）と呼ばれるようになった。このペロプスが王女ヒッポダメイアとの結婚を求めて、果敢にもオイノマオス王との戦車競走に挑んだのである。

オリュンピアのゼウス神殿の東破風を装飾する図は、ペロプスとオイノマオスが戦車競走に出発する直前の情景を示している。王女ヒッポダメイアは美貌の青年ペロプスに恋心を抱き、この若者と結婚したいと願った。そこで王女は父オイノマオスの御者を説き伏せて、王の戦車の車輪を止めておく青銅のくさびを臘《ろう》の釘《くぎ》に取り替えさせた。臘は熱で溶けてしまうため、走行中に戦車の車輪が外れる危険が十分に予測される。御者のミュルティロスは、王への密かな裏切りを王女に承諾した。御者が王女を慕っていたためとも、あるいは、勝利のあかつきには王国を半分与えるとペロプスが御者を買収したためともいわれる。いずれにせよ、御者ミュルティロスの反逆行為によって、王の戦車の車輪はレースなかばで壊れる。オイノマオス王は御者に欺かれたことに気づき、彼を呪いながら亡くなった。

以上のようなペロプスの話がオリンピック競技会とどう関係するかというと、王が亡くなると、その霊を慰めるために葬礼競技会を開くのが古代ギリシアの慣習であった。そして一説では、オイノマオス王のための葬礼競技会がオリンピック競技会の起源であるという。つまりこの王が亡くなった後、ペロプスは王女ヒッポダメイアと結婚し、前王のためにオリュンピア競技会を創始したと伝えられるのである。

一方、ヒッポダメイア自身も女神ヘラを讃える運動競技会を創設したという。ヘライアと呼ばれるこの競技会は、オリュンピア大会と同じくやはり四年ごとに開催されたが、出場が男性に限定されたオリュンピアとは異なり、ヘライアは女性だけが参加するスポーツ大会であった。ただし、競技種目は一六〇メートルほどの距離の徒競走しかなかった。オリュンピア大会の出場者は裸体で競い合ったが、ヘライアの選手は着衣であった。

この伝説にはまだ続きがある。ギリシア神話では呪詛《じゅそ》は必ず成就される。それゆえ、裏切りをはたらいた御者への王の呪いもまた現実のものとなる。すなわち、王女を慕っていた御者ミュルティロスは、あるとき彼女を犯そうとしたため、それを知ったペロプスによって海に突き落とされてしまった。しかし、ペロプスに殺害されたミュルティロスもまた、いまわの際に呪いを発した。御者ミュルティロスの呪縛はペロプスの子孫に何代にも及ぶ祟《たた》りを残し、この呪いからさらにまた別の話へと延々と連なっていく。呪われたペロプスの末裔《まつえい》の物語は、アガメムノンの暗殺とオレステスの実母殺害（第七章参照）まで続いていくことになる。

さて、御者を殺《あや》めたペロプスは世界の果てまで出かけていって、罪を清めてもらった。そして国に戻ると、ミュルティロスのために塚を築いた。塚が築かれたのは、オリュンピアのトラックのそばと伝えられる。戦車競走のさなかにこの地点まで来ると、突然、馬がおびえだすといううわさが広まった。しかも、御者ミュルティロスの亡霊がそこに現れるからだという。

ヘラクレス

古代オリンピックの開始は前七七六年にさかのぼるが、これはあくまでも記録に残っているものにすぎず、それ以前から、記録にはない非公式な競技会が行なわれていたようである。

前九世紀頃のエリス地方の王イピトスが内戦を憂慮してデルポイの神託を伺い、競技会を再開して停戦せよと告げられてオリンピックが復活したという言い伝えもある。

ある伝説によると、ペロプスが創設した競技会はいったんすたれ、その後、名高い英雄ヘラクレスが再興したという。ピンダロスは『オリュンピア祝勝歌』第一〇歌で、ヘラクレスがオリュンピアにゼウスの聖域を開き、ペロプスの墓のかたわらに二柱ずつの神々の祭壇を六個築いて運動競技会を創設したと伝える。この伝説からわかるように、オリンピックとヘラクレスの結びつきは強い。そこで次に、ギリシアで最高の人気を誇る英雄ヘラクレスの伝説に焦点を移すことにしよう。

オリュンピア競技会は剛勇ヘラクレスの一二功業の一つに端を発する。そのためオリュンピアのゼウス神殿の東西一二面のメトープは、一二の功業を描いた浮き彫りで飾られていた。一二功業とは、ヘラクレスが従兄弟のエウリュステウス王からの命令でなし遂げた一二の難題である。そのうちの一つがオリュンピア競技会の設立と関連しているので、先にその「アウゲイアス王の牛小屋掃除」に話を進める。

アウゲイアスはオリュンピアを含むエリス地方の伝説的な王で、死の戦車レースを娘の求婚者に課したオイノマオスの統治するピサもこのエリス地方に属していた。アウゲイアスは非常に多くの牛を飼っており、その数は三〇〇〇頭ともいう。だが驚くべきことに、その牛舎は一度も掃除されたことがなく、家畜小屋には牛の糞が山のように積もって悪臭に満ちていた。ヘラクレスに与えられた課題はこの不潔な牛小屋を掃除することであったが、彼は瞬時にそれを終えた。どのようにして彼が短時間でこれを処理したかというと、近くを流れる二つの川の流れを変え、水力を利用していわば水洗式に家畜の糞尿を一気に小屋の外に流し出したのであった。

掃除の前に、王のアウゲイアスはヘラクレスと約束を交わしていた。それは、小屋を一日で掃除すれば家畜の一割を謝礼として渡すという約束であった。ところが、実際にその仕事が完遂されると、王はヘラクレスに約束の報酬を与えなかったばかりではなく、彼をエリス地方から追い出してしまった。ヘラクレスはこの約束不履行に対する報復を忘れなかった。後に、軍勢を集めてアウゲイアス王に攻撃をしかけ、激しい攻防の末、ヘラクレスは王を打ち破った。そして勝利を授けてくれたゼウスへの感謝をこめて、オリュンピアの森を切り開き、祭壇を築いて競技会を設けたのだと伝えられている。

英雄の宿命

ヘラクレスの難業は、このアウゲイアス王の牛小屋掃除以外にも数が多い。彼の生涯は、困難な仕事が一二どころか、一難去ってはまた一難の連続であった。「艱難汝《かんなんなんじ》を玉にす」ということわざがあるように、次々に押し寄せる多くの苦難は英雄に課せられた宿命ともいえる。その辛苦を真剣に受け止め、忍耐強くなし遂げたからこそ、ヘラクレスは真の英雄になりえたのである。

英雄の宿命という点では、ヘラクレスの場合、運命的な苦難は出生以前から始まっていた。ヘラクレスの父はゼウス、母はアルクメネという名の人間の女性である。彼女にはアンピトリュオンという婚約者がいたが、彼が留守の間にゼウスが婚約者の姿をとって彼女に近づき、思いを遂げた。翌日、婚約者のアンピトリュオンが戻り、結果的にアルクメネは双子を出産した。一人はゼウスの子ヘラクレス、そしてもう一人は婚約者の子イピクレスであったが、似ても似つかぬ双子であった。

ヘラクレスが誕生する直前に、ゼウスは迂闊《うかつ》にも「将来アルゴスの王となる子がまもなく生まれる」と宣言してしまった。これを聞いたヘラの心は穏やかではない。そこでヘラは、アルクメネの子ヘラクレスの誕生をわざと遅らせ、その一方で、ヘラクレスの従兄弟にあたるエウリュステウスを未熟児のまま先に生まれさせた。ヘラのこのような策略によって、アルゴスの王位はヘラクレスから奪われ、従兄弟のエウリュステウスに移った。

ヘラクレスに対する迫害は当然、出生後も続く。ヘラは彼を亡き者にしようとして、ゆりかごに二匹の蛇を投げこんだ。そのとき双子の片割れのイピクレスは蛇に怯《おび》えて泣くばかりであったが、ヘラクレスのほうは平然と蛇を手でつかんで絞め殺したという。

一二功業とエウリュステウス

体育会系のこの英雄の怪力と豪腕を告げる逸話はこのほかにも無数にあるが、ここでは一二功業に的を絞って話を進めることにする。ヘラクレスは長じて妻を娶《めと》り子をもうけたが、ヘラの嫉妬のせいで一時的に狂い、わが子を火の中に投じた。正気に戻ると、彼は自分の犯した罪を悟り、殺人の罪を償うためにアポロンの神託を伺った。すると、「従兄弟のアルゴス王エウリュステウスに一二年間仕え、王が命じる仕事をなし遂げなければならない」と告げられた。エウリュステウスの命を受けて行なわれた課題、それがヘラクレスの一二功業である。

エウリュステウスは卑劣で臆病《おくびょう》な王であった。そんな人物に奴隷のように仕えるのは屈辱的なことであるが、神託は「無理難題を終えたあかつきには、不死が約束される」とも告げた。自分よりも明らかに劣った人間に理不尽な課題を押しつけられ、命がけでそれをこなさなければならなかったヘラクレスは受難の人である。彼は幼少時に祖父の名を受け継ぎ、最初はアルカイオスと呼ばれていた。しかし、ヘラの課す厳しい試練をくぐりぬけたならば「ヘラの栄光」を意味するヘラクレスという名が与えられるであろうとも、神託は告げた。

《ヘラクレスとレルネのヒュドラ》モロー、1876年（シカゴ、シカゴ美術館蔵）

さて、ヘラクレスが一二の功業をどのような順序で進めたかには諸説あるが、標準的な順でその内容をごく簡単に述べると、筆頭はネメアのライオン退治である。ネメアという谷の周辺を荒らし回っていた獰猛なライオンには弓も矢も棍棒《こんぼう》も歯が立たなかったが、ヘラクレスは激しい格闘の末、素手でこれを仕留めた。その後、彼はライオンの皮を剥いで肩にかけたので、一五〇ページの絵のように図像上のヘラクレスはほとんど常にライオンの皮を肩にかけ、手に棍棒を持っている。彼はオリュンピアのほかにネメアでもゼウスのために競技会を創設したと伝えられ、このエピソードがネメア競技会の発端になった。

二番目の難題は、レルネという沼沢地に住む水蛇ヒュドラとの対戦である（図参照）。ヒュドラは頭が九つもあり、頭を一つ斬《き》るたびにすぐにまた生えてくる。しかもまんなかの頭は不死身という厄介な怪物である。ヒュドラのせいで泉の水が汚れ、付近の住民は困っていた。ヘラクレスは甥のイオラオスの助けを借り、斬った頭が再生しないように、その斬り口を松明で焼いて征伐した。

三番目は、ケルネイアのシカと呼ばれる黄金の角を持つシカである。それは狩猟の女神アルテミスに捧げられた神聖な動物であったため、傷つけたり殺したりせずに生け捕りにするよう命じられた。丸一年もかかってやっと巨大なシカの捕獲に成功したが、それもつかのま、またもや生け捕りを命じられた。四番目の対決相手は、エリュマントスという山に住む巨大な野猪である。しかしヘラクレスは、里に出てきて暴れまわるこの獣を紆余《うよ》曲折の末、罠《わな》によって捕らえた。続く五番目の課題が、先に述べたアウゲイアス王の家畜小屋の掃除である。そして六番目には、ステュンパロスという湖のそばの深い森に住む鳥の群れを退治した。その鳥は人を食べる猛禽であったともいわれる。ヘラクレスは、鍛冶の神ヘパイストスが作った鳴子《なるこ》をアテナ女神から与えられ、その鳴子で大きな音を立てて怪鳥の群れを森から追い出し、それらをみごとに射落とした。

さらに遠方への冒険

以上の六つの功業はギリシア本土の内部で行なわれたが、後半になると課題の場所は次第に遠方に移る。七番目の対戦相手はクレタ島の牡牛《おうし》である。序章で触れたエウロペはゼウスにさらわれて、クレタ島でミノスを生んだ。ミノスは王位を得るために、海から牛を出現させてほしいと海神ポセイドンに祈った。王座を手に入れたならばその牛を海神に奉納すると約束していたのだが、その牛があまりにも美しくて立派だったため、王となったミノスは神への感謝を忘れ、約束を破って別の牛を神に供えたのであった。海神ポセイドンはこれに腹を立ててその牡牛を凶暴にしたため、クレタ島はこの牛によって荒らされた。ミノスの妻パシパエも神罰ゆえにこの牡牛に抑えがたい欲情を覚えることになるのであるが、その続きは第五章に譲る。ヘラクレスはクレタに赴いて、野生化した牡牛を生け捕りにし、エウリュステウスに渡した。

その後またもや、ヘラクレスは遠方まで出かけなければならなくなった。八番目の難題は人間を食べる馬との対決であった。ギリシアの北方にあるトラキアでは、ディオメデスという邪悪な王が四頭の人食い馬を飼っていた。ヘラクレスは愛情を注いでいた少年が獰猛な馬に食べられるという悲痛な体験もしたが、最後にはディオメデスを殺して、人食い馬にその飼い主である王自身を餌として与えた。すると、馬の人肉嗜好《しこう》が消えたという。

この難題が終わると、エウリュステウスの娘がヒッポリュテの帯を所望したため、今度はアマゾン族と対戦することになった。ヒッポリュテは、遠く離れたところに住む女性ばかりの戦闘部族のアマゾン族の女王である。ヘラクレスが船に乗ってアマゾン族の地に着き、女王に事情を話すと、ヒッポリュテは父なる戦の神アレスにもらった帯を彼に譲ることを快諾した。しかし面白くないのは、ヘラクレスを憎んでいる女神ヘラである。そこでヘラはアマゾンを装い、デマを流して煽動《せんどう》したため、アマゾン族とヘラクレスの一行は友好ムードから敵対関係に一転した。両者は刃を交え、結局、ヘラクレスは女王ヒッポリュテを殺し、その帯を奪ってギリシアに戻った。

これで九つの難業が達成されたが、残りの三つはさらに遠方での冒険である。一〇番目に命じられたことは、オケアノス（大洋）のかなた、世界の西の端に住むゲリュオンの牛を捕獲することであった。ヘラクレスはさいはての地に向かう途中で、ジブラルタル海峡に柱を建てたり、太陽神が夜間それに乗って西から東に移動する巨大な杯のような船を借りたりして、ようやく目的地にたどり着いた。そこでは三身三頭の怪物のゲリュオンがたくさんの牛を飼い、双頭の猛犬オルトスが牛の番をしていた。しかしヘラクレスは棍棒でその番犬を打ち殺し、ゲリュオンの牛を奪って逃げた。追撃を試みたゲリュオンも、ヘラクレスが放った矢で三つの頭を射抜かれた。

第一一番目の難業は、ヘスペリスの園の黄金の林檎である。黄金の林檎は、ゼウスとヘラの結婚のときにガイア（大地）が贈った祝いの品である。林檎の木は「夕方の娘」という意

《ケルベロスを地上に連れ出したヘラクレス》前530－前520年頃
（パリ、ルーヴル美術館蔵）

味を持つヘスペリスたちによって世話をされ、一〇〇の頭を持つ不死身の蛇に守られていた。ヘスペリスの園も先の冒険と同様にはるか西のかなたにあるのだが、ヘラクレスはまずそれがどこにあるかを突き止めるのに苦労し、その後さらに目的地に着くまでにも辛酸をなめなければならなかった。

けれども、この難業はプロメテウスの援助によって達成された。プロメテウスは第一章に登場したが、神々と人間の調停を行なった知恵者である。その調停の際にゼウスを欺いた罰として、彼は鎖につながれて毎日ワシに肝臓をついばまれていた。ヘラクレスはヘスペリスの園に向かう途中で、拷問に耐えていたプロメテウスに出会う。そして彼のためにワシを追い払い、戒めの鎖を解いた。その返礼としてこの賢者が与えた有益な助言に従い、蒼穹《そうきゅう》を担うアトラスに業務の代行を依頼することによって、ヘラクレスは黄金の林檎を手に入れた。

さて、最後の冒険であるが、これまでどんな無理難題もみごとに達成したヘラクレスに対して、エウリュステウスは今度こそ絶体絶命の危機を与えねばと焦り、彼を亡き者にしようと企む。そこで彼は、死者の国に下ってケルベロスを生け捕りにすることを命じた。ケルベロスは恐ろしい風貌の冥界の番犬である（第三章と第五章参照）が、ヘラクレスは武器を何も使わずにこれを捕まえて地上に連れてきた。しかしこの仕事を命じたエウリュステウスのほうは、ケルベロスの恐ろしい形相を目のあたりにすると、たちまち縮みあがってしまい、大きな甕のなかに隠れながら、それを元の場所に戻すよう震え声で命じた。このようすを描いたのが、図の陶器画である。

ヘラクレスの死と神格化

ヘラクレスをめぐる伝説は以上のほかにも無数にある。そしてさらにそれらは、他のさまざまな伝説と複雑に結びついている。ヘラクレスの伝説は非常に込み入っていて量も膨大であるため、ここではそのほとんどを割愛せざるをえない。そこで最後に、彼の死と神格化の伝説を取り上げてこの章を終えることにしよう。

《ケンタウロス族のネッソスに掠奪されるデイアネイラ》レーニ、1620－21年（パリ、ルーヴル美術館蔵）
右の川岸にヘラクレスが立っている

ヘラクレスは、最後の功業で黄泉の国を訪れたとき、カリュドンの猪狩りの英雄メレアグロスの亡霊に出会った。この出会いについては第三章で触れたが、これがきっかけで、彼はメレアグロスの妹のデイアネイラと結婚した。彼が妻と旅をしている途中、川を渡っていたときのこと、その川で渡し守をしているケンタウロス族のネッソスがデイアネイラを掠奪しようとした（図参照）。ヘラクレスはすぐに矢でネッソスを射たが、この矢には、ヘラクレスが二番目の功業で倒した水蛇ヒュドラの猛毒が塗りこめられていた。虫の息のネッソスはあえぎながらも、「これは恋の媚薬《びやく》だ、夫がいつか他の女に心を寄せたときのために」と言って、自分の血をデイアネイラに渡した。

その後ヘラクレスは遠征から戻る途中、妻のもとに使者を遣わし、犠牲式のときに着る新しい服を用意するよう頼んだ。しかしこのとき、デイアネイラは捕虜の女性が夫に同行していることに気づき、動揺を覚えた。そこで彼女は以前ネッソスから与えられた「恋の媚薬」をふと思い出し、夫の愛を取り戻したい一心から、ひそかにそれを夫の服に塗りつけておいた。何も知らないヘラクレスがそれを身につけると、ヒュドラの毒が体中に回って皮膚がただれ始めた。服は肉にへばりついて離れず、猛毒に体を蝕《むしば》まれたヘラクレスは悶絶しながら、その服を持ってきた使者をつかんで崖から突き落とした。この報を受けたデイアネイラは、ネッソスの贈物が恋の媚薬どころではなかったことを悟り、自責の念と絶望にかられて首を吊った。

ヘラクレスは悶《もだ》え苦しみながらも、オイテという山に火葬壇を築かせ、自力でその上に登る。だが進んで火をつけようという者は誰ひとりいない。そこでヘラクレスは、たまたまそこを通りがかった人物に点火役を頼み、お礼に自分の弓と矢を与えた（この弓矢は後に、トロイア陥落に不可欠な道具となる）。火葬壇の炎が燃えさかるなか、突如として雷鳴がとどろき、ヘラクレスは天上に運ばれていく。このようにして昇天した英雄は不死なる神となり、長年確執が続いたヘラとも和解した。そして、ゼウスとヘラの娘で「青春」を意味するヘベを妻に迎えて、オリュンポスの住民となったのである。

第五章　怪物考現学

《オイディプスとスピンクス》モロー、1864年（ニューヨーク、メトロポリタン美術館蔵）

ギリシア神話の怪物たち

剛勇ヘラクレスのさまざまな難業には、共通した特徴がある。それは、すでにお気づきのように、猛獣との格闘や怪物退治である。一二功業のうち、アウゲイアス王の家畜小屋掃除とアマゾンの帯、ヘスペリスの園の黄金の林檎の話を除くと、他の逸話はいずれも、英雄が敵対相手を倒すパターンで展開されている。つまり、全体の四分の三にあたる九つもの難業が怪物との戦いという形をとる。そしてその結末は、例外なく英雄の勝利に終わる。

怪物退治の物語は古今東西、普遍的に見られるものである。現代でも、怪獣はファンタジーや冒険小説、アニメ、映画などに欠かせない重要キャラクターである。神話はたしかに神々や英雄たちが華々しいスポットライトを浴びる舞台であるが、観点を変えると、モンスターの活躍の場でもある。もしグロテスクな悪役怪物がいなければ、神話伝説の面白さは間違いなく半減する。怪物との格闘あってこそのヒーローなのである。

とはいえ、面妖な怪物たちは単に英雄たちの引き立て役や、話を面白くする道化師として登場するわけではない。神話における怪物の登場には何らかの必然性があったはずであり、象徴的な意味合いが含まれていたに違いない。そこでこの章では、ギリシア神話に出てくる怪物たちに焦点を当て、最初にその特徴を類型化する。ギリシア神話は多種多様なモンスターの宝庫なので、これまでにまだ取り上げていない怪鳥や怪獣も多い。それらをタイプ別に分類しながらその伝説を紹介し、最後に、神話における怪物の意味を考えてみたい。

ギガス

ギリシア神話の怪物は、ほぼ三つのタイプに分けられる。すなわち「巨体タイプ」、「器官の欠損／過剰タイプ」、そして異種混合の「ハイブリッド・タイプ」である。さらに、二つ以上のタイプの混合型の怪物もめずらしくない。

最初に目を引くのは「巨体タイプ」である。身体の形態は人間のままだが、大きさだけが通常範囲をはるかに超え、その腕力はサイズ相応にしばしば破壊的である。怪物はたいてい悪役であるから、その性格も邪悪であったり粗暴であったりする。このタイプのモンスターは世界各地の神話や昔話に頻繁に登場する常連であるが、ギリシア神話における最も代表的な巨体型は、第一章に登場するギガス、キュクロプス、ヘカトンケイルである。

ギガス（Gigas）は、クロノスが父のウラノス（天空）を去勢したとき、その生殖器から流れ出た血のしずくをガイア（大地）が受け止めて生んだ巨人族である。ギガスとは文字どおり「巨大な」という意味で、英語の giant（巨人、大男）は、ギリシア語の形容詞の gigas の語幹 gigant- にさかのぼる。巨人族は戦いを好む傲岸不遜《ごうがんふそん》な無法者で、オリュンポスの神々による神界制覇を妨害する敵対者である。オリュンポスの神々への挑戦という点で意味が同じであるため、巨人族との戦い（ギガントマキア）はティタン神族との争い（ティタノマキア）としばしば混同されるが、両者は別物である。ゼウスがティタン神族を破って奈落の底に幽閉したとき、ガイアがギガスたちを奮起させて支配者に反乱を起こさせようとしたことから、オリュンポス神族と巨人族との戦いが始まった。

この戦いでオリュンポス神族に勝利をもたらしたのは、意外なことにヘラクレスである。この剛勇の登場には、一つの予言が関係している。その予言の内容は、巨人族は神々の力だけでは滅ぼされず、人間の力を借りなければ征服されないというものであった。この予言を知っていたガイアは先手を打ち、巨人族をあらゆる敵から守る魔法の薬草を生じさせた。しかし、ゼウスは太陽と月と曙に出現を禁じてその薬草の生育を妨げ、それを摘み取ってしまう。そしてアテナを通してヘラクレスを呼び寄せ、ガイアの企みを阻止した。巨人族との激しい戦闘は、ヘラクレスが放った矢によって終止符を打たれる。

巨人族とオリュンポス神族の戦いは、文学でも美術でも、初期にはそれほど重視されなかった。しかしギリシアがペルシアなどの外敵の脅威に悩まされるようになると、その人気は次第に高まりを見せた。恐怖の的であった外敵が好戦的で粗暴な巨人族に投影されたのであろうか、ギガントマキアのテーマは政治的な意味合いを帯び始める。そして前六世紀中葉以降には、巨人族の戦闘場面が陶器画や彫刻に頻繁に登場するようになる。特に有名なものは、

《巨人族の戦い》前164－前156年（ベルリン、ペルガモン博物館蔵）**ゼウスの大祭壇東フリーズの部分。巨人族と戦う女神ヘカテ**（左から２人目）**とアルテミス**（右端）

アポロンの聖地デルポイの「シフノス人の宝庫」という建物の北面の浮き彫り（前五二五頃）と、アポロン神殿の西ペディメント（前五一〇／五〇〇頃）である。また、ベルリンのペルガモン博物館にはヘレニズム時代のゼウスの大祭壇（前一八〇／一六〇頃）が復元されているが、この祭壇も巨人族との戦いのレリーフで飾られている。巨人族は、図のように、邪悪の象徴である蛇の尾のついた姿で表現されている。

アロアダイ

ギガスたちと同じように、オトスとエピアルテスという名の双子もまた、オリュンポスの神々にさからった巨人であった。この双子は、その名目上の父親であるアロエウスという人物の名から、アロアダイと総称される。

人間の父親がいても実は神の子であるといった例は神話に多い。たとえばヘラクレスも、実際にはゼウスとアルクメネの子だが、アルクメネの夫のアンピトリュオンが人間の父親ということになっている。同じように、アロアダイもアロエウスが父親だが、本当は海神ポセイドンの子だったといわれる。ギリシア人の観念では、神々は人間より背が高い。アロアダイも神の血筋を引くせいか、その成長ぶりは目覚しく、九歳のときにはすでに身長が一六メートルを超えていたというほどであった。

アポロドロスの『ギリシア神話』によると、彼らはなかば人間の身でありながら大それた欲望を抱き、女神たちとの結婚を求めた。すなわち、オトスはゼウスの妃ヘラとの、エピアルテスは狩猟の女神アルテミスとの結婚を望んだのである。『イリアス』第五歌では、この双子の巨人たちの不遜な態度と恐るべき怪力のエピソードが語られている。すなわちアロアダイは、粗暴で好戦的なアレスを鎖でつなぎ、一三ヶ月間もの間この神を青銅の甕のなかに閉じこめた。このときアレスは伝令の神ヘルメスによってひそかに救出されたが、さすがに精も根も尽き果てた状態になっていたという。

まさに雲をつく大男であったこの双子は、力まかせに自然の秩序を転覆しようとさえ試みる。すなわち、一方では海を山で埋めて陸地を作り、他方、陸地を海に変えようとしたのである。また、彼らがオリュンポスの山の上にオッサという山を、さらにその上にペリオンという山を積み重ねようとしたという逸話も伝えられる。この故事から、「オッサの上にペリオンを積む」という表現は「一難去ってまた一難」という意味を帯びることになった。

天に達するほどの勢いで上へ上へと登ろうとするこの双子の企ては、旧約聖書に記されたバベルの塔の話を連想させる。ノアの大洪水の後に、人々がバビロンに天にも届かんばかりの高い塔を建てようとしたとき、神は言語の混乱を招いて人類のこの傲慢な挑戦を打ち砕いた。ギリシアでもアロアダイの行為は神々への不遜な挑戦と見なされ、この双子の巨人は懲罰として、成人に達する前にアポロンの矢に射られて死ぬことになる。

拡大と縮小

次に述べる「器官の欠損／過剰タイプ」と先の「巨体タイプ」の根底には、基本的に同じ発想が横たわっている。つまり大きさや形状について、まず一定のスタンダードを想定し、次に、その標準から逸脱したものを異常というカテゴリーに入れ、それを奇怪な化け物として形象化するという思考法である。つまり、通常の大きさの動物や人間を基準とし、そのサイズを極端に拡大しさえすれば、巨大型のモンスターができるという発想が見られる。

逆に標準以下のサイズの縮小型は、それほど大きな脅威と感じられなかったせいか、ギリシア神話にはあまり登場しない。それでもこの種のものとしては、ピュグマイオイと呼ばれる小人族とケルコペスという小人兄弟が見いだされる。前者は、アフリカのピグミー族を指すものと推測され、冬の嵐と大雨を避けて南に渡るツルの群れと毎年戦ってピュグマイオイが必ず敗れるという伝承があったことが、『イリアス』第三歌冒頭の比喩的表現から窺われる。図像上のピュグマイオイはずんぐりした体つきの小人で、その風貌はいくぶんグロテスクで、男根が誇張されている。後者のケルコペスは、ヘラクレスに討伐される野盗という端役にすぎない。欺瞞的で狡猾なこの兄弟の小人は神罰によってサルに変えられたと、オウィディウスの『変身物語』第一四巻は伝えている。

ポリュペモス

巨大型と同様に「器官の欠損／過剰タイプ」でも、尺度の基準を通常形態におくことが暗黙の前提になっている。そして、いわゆる正常型から逸脱したものが畸形《きけい》の怪物と見なされた。

とはいえ、バリエーションの点では、ギリシア神話は中世や近世のヨーロッパほど豊富ではない。中世以降には、あらん限りの想像力を駆使した奇抜で不思議な生き物たちが跳梁跋扈《ちょうりょうばっこ》する。伊藤進の『怪物のルネサンス』によると、ヨーロッパ的規模で大成功を収めたジョン・マンデヴィルの『東方旅行記』（一三五六年）は、インドや中国、インド洋の島々への旅でその著者が目撃したという、次のような珍種の異人について記述している。すなわち、頭部がまったく欠けていて、胸もしくは肩に目や口のついた人、あるいは、くるまって眠ることができるほど耳朶《じだ》の大きい人、首が異様に長い鶴首人、下唇を顔にかぶせて眠れるほど下唇が異常に大きい人などである。しかしギリシア神話には、このように器官が完全に欠如したタイプや身体の一部分だけが極端に肥大した人間類型は見あたらない。

もっとも、神話ではなく地誌や旅行記となると、古代でも事情はいくぶん異なる。たとえばヘロドトスは、犬よりは小さいがキツネよりは大きいアリについて述べている。また、前四世紀初頭のクテシアスは、仰向けに寝て足を上げれば傘のかわりになるほど足の大きい影足族が棲息していると伝える。これらの記述は、いずれもインドに関するものである。

ギリシア神話における器官欠損タイプの最も代表的なものは、目が一つしかないキュクロプスである。キュクロプスは巨人でもあるので、巨体タイプとの混合型である。第一章で述べたように、ヘシオドス『神統記』に登場する三人のキュクロプスたちは父ウラノスによって地下に幽閉されたが、後にゼウスによって解放され、感謝のしるしとしてこのオリュンポスの最高神に雷のパワーを授けた。

単眼巨人のキュクロプスは『オデュッセイア』第九歌にも登場する。ただし、『神統記』のそれとは系譜が異なり、海神ポセイドンの息子である。ポリュペモスという名の一つ目巨人は礼儀作法とは無縁な、粗野で残忍な怪物であった。オデュッセウスとその仲間たちはある島で洞窟を見つけ、それが巨人の住まいとも知らずに、洞窟の主が帰宅する前に中に入りこみ、食べ物を失敬していた。ほどなくポリュペモスが帰宅すると、その恐るべき人肉嗜好が判明する。巨人はオデュッセウスの一行を見つけると、彼の部下たちを何人かつかまえて食べてしまったのである。洞窟の入り口はとても人間の力では開けられないほど大きな岩でふさがれているため、とうてい脱出はかなわない。まさに危機一髪の状態に陥ったが、オデュッセウスは持ち前の機知によってみごとにこの危難を逃れた。

すなわち、オデュッセウスはそのときたまたま持参していた美酒をこの巨人に気前よく勧めた。そして、ほろ酔い加減のポリュペモスに名前を聞かれると、自分の名前をわざと偽って「ウティスだ」と答えた。「ウティス」はギリシア語で「誰でもない」という意味である。そしてオデュッセウスはポリュペモスを泥酔させておき、この巨人が眠ったところを見計らって、先端を尖らせ、真っ赤に焼いた丸太で彼の目を潰《つぶ》した。ポリュペモスはあまりの激痛に悲鳴をあげながら、仲間に助けを求めた。誰の仕業かと尋ねる仲間たちに、ポリュペモスが「ウティスだ」つまり「誰でもない」と答えると、仲間たちは立ち去ってしまう。翌朝、オデュッセウスの一行は、盲目になった巨人が家畜を洞窟から外に出すときに、巧みにヒツジの腹に隠れて魔の洞窟から無事に脱出した。

オデュッセウスはその後、海の上を長年にわたって漂流する定めになるが、それは、この一件でポリュペモスの父ポセイドンの怒りを買ったためであった。

グライアイ

器官欠損型という呼び方に最もふさわしいのは、グライアイという老婆たちである。彼女たちは三人あわせても目が一つと歯が一本しかなく、その共有している一眼一歯を交代で使うのである。グライアイは、普通名詞としては「老婆たち」を意味し、生まれながらにして髪が灰色であったという。まさに老齢を象徴するのがこの三老女である。

グライアイは、後に述べるゴルゴン退治の冒険談に登場する。ゴルゴンは怪物三姉妹の総称で、これを倒した英雄はヘラクレスの祖先にあたるペルセウスである。三姉妹のゴルゴンとやはり三姉妹のグライアイとは、同じ両親から生まれた。ペルセウスはゴルゴンのところに行くために最初にグライアイを訪れて彼女たちの目と歯を取り上げ、ゴルゴンの居場所を教えなければそれらを返さないと恫喝《どうかつ》することによって、冒険の目的地がどこにあるかを聞き出した。グライアイは危害を加えるような破壊的な怪物ではなく、恐怖を与えるよりもむしろ同情を誘う。三人で交互に一眼一歯を使わねばならないとは、さぞかし不便なことであろう。

アルゴス

一方、器官過剰タイプは欠損タイプより頻繁に登場する。このタイプの代表は、オリュンポス神族とティタン神族との戦いで、腕が一〇〇本もあるという特性を最大限に活用して石つぶて作戦を展開した巨人ヘカトンケイル（第一章参照）である。

一〇〇といえば、体中に目が一〇〇個もついているアルゴスという巨人が存在する。アルゴスもヘカトンケイルと同じく、器官過剰型と巨体型の混合である。目がこれほどたくさんついているのだから警備体制は万全というわけか、アルゴスは女神ヘラに命じられて、牝牛《めうし》に変えられたイオ（序章参照）の見張り番をつとめることになる。ヘラはこの牝牛を夫からもらい受けると、召使のアルゴスにその監視を命じたが、ゼウスはイオを救い出すために伝令の神ヘルメスを彼女のところに派遣した。ヘルメスが巧みに葦笛《あしぶえ》を奏でると、さしもの優秀なガードマンのアルゴスも睡魔に襲われて目をすべて閉じてしまった。すかさずヘルメスは牝牛のイオを解き放ち、この百眼巨人を殺害した。ヘラはお気に入りの召使だったアルゴスの死を嘆き、可愛がっていた鳥の羽根に彼の目をつけた。それが、クジャクの羽根を飾る美しい模様になったという。

ヘラクレスの対戦相手

ヘラクレスの対戦相手には器官過剰タイプの怪獣が多い。第二功業のヒュドラや第一〇功業のゲリュオン、第一二功業のケルベロスなどの多頭怪物たちがこの英雄を悩ませた。それらには、いずれも複数の頭がついているが、その数に関しては三から一〇〇まで諸説ある。特にヒュドラはその頭を何度斬っても、トカゲの尻尾のようにまたすぐに新しい頭が生えてくる厄介な怪物である。ケルベロスについては第三章と第四章でも触れたが、ヘシオドス『神統記』はこの冥界の番犬について、五〇の頭と青銅の声を持ち、生肉を喰《く》らい、性格は手がつけられないほど残忍きわまりないと描写する。他の伝承では、その首周りや尾に蛇がついている。多頭という形態異常、カニバリズム、金属質の声、凶暴な性質、邪悪のシンボルの蛇など、ケルベロスは怪物の典型的な特性をことごとく具備している。

ヘラクレスの敵はおおむね、甚大な被害をもたらす困り者である。最初の功業のネメアのライオンと第七功業のクレタの牡牛は家畜や土地を荒らしていた。水蛇のヒュドラは水を汚染して住民に害を及ぼし、第八番目のディオメデス王の馬には、野蛮の象徴ともいうべき人肉嗜好が見られた。

しかし一〇番目の功業に登場する三頭三身のゲリュオンは、これらの凶暴な野獣たちとはいささか異なっている。彼は畸形ではあるが、進んで他に害を加える無法者だったわけではない。むしろ、多くの牛を飼っていたばかりにその財産をねらわれた被害者だったともいえる。アポロドロス『ギリシア神話』の記述を見ると、一〇番目の功業の力点は怪物退治よりも遠隔地への苦難に満ちた旅に置かれていることがわかる。つまり、ゲリュオンは地の果てにあるオケアノス（大洋）に近い辺境に住んでいるため、第四章で述べたように、ヘラクレスは広大な陸地を横切り、海峡を渡り、大洋を越え、やっとの思いで目的地にたどり着く。帰路も同様で、追いはぎに襲われるなど苦難の連続であった。つまりこの冒険は、最後には冥界にまで至る、想像を絶するほど遠く離れた場所への遠征の皮切りなのである。

キマイラ

怪物の三大カテゴリーの最後は、ハイブリッド・タイプである。ギリシア人は豊かな空想力の赴くままに、動物と動物を組み合わせ、あるいは鳥獣と人間とを合体させて、さまざまな動物まがいや人間もどきを作り出した。異種混合型の架空怪獣の頻出は、ギリシア神話の一つの特徴とさえいえる。このタイプはさらに、二種類以上の動物の混合タイプと、人間と動物をミックスした半人半獣タイプに分けられる。

まず動物同士のかけ合わせの代表は、キマイラである。接木による雑種植物やキメラマウスのような多胚の生物はキメラと呼ばれるが、キメラという言葉はギリシア神話に登場するハイブリッド怪物のキマイラに由来する。キマイラは「牝ヤギ」を意味する普通名詞であるが、固有名詞の怪獣キマイラは、図の陶器画のように、頭がライオン、胴体がヤギ、尻尾が蛇で、口からは火を吹き出す。

キマイラを退治したのはベレロポンという英雄である。彼は誤って殺人の罪を犯したために故郷を離れ、他国の王宮に客として身を寄せていた。ところがその国の王妃が、ハンサムなベレロポンに一方的に想いを寄せ、愛を告白した。ベレロポンが王妃の求愛を拒むと、彼女は逆恨みをして意趣返しをもくろんだ。すなわち、不埒《ふらち》な若者が人妻である自分を誘惑しようとしたと夫に嘘をつき、この青年を殺してほしいと懇願したのである。夫である王は、自分の客として受け入れたベレロポンを自らの手で殺すわけにはいかないため、舅《しゅうと》のイオバテスのもとに送ることにした。そのとき王は彼に手紙を持たせたが、そこにはこの手紙を持ってきた男の生命を奪う方法を詳しく書いた符《ふち》

《ベレロポンとキマイラ》前370年頃（ローマ、ヴィラ・ジュリア蔵）**有翼の馬ペガソスにまたがったベレロポン**（中央）**の下にキマイラが描かれている**

牒《よう》が記されていた。何も知らないベレロポンはその手紙を携えて王妃の父親のイオバテスを訪れ、盛大なもてなしを受けた。しかしイオバテスもまた、迎え入れた客人の殺害に自らの手を染めることをはばかり、直接手を下すかわりに彼にさまざまな難題を与えた。その最初の対戦相手がこのキマイラであった。

ベレロポンはキマイラを退治したとき、有翼の天馬ペガソスにまたがっていた。ピンダロスの『オリュンピア祝勝歌』第一三歌によると、ベレロポンは泉のほとりでこの馬を見つけたが、これにくびきに掛けることができなかった。しかし眠っている間に夢のなかにアテナ女神が現れて黄金の轡《くつわ》を授け、そのおかげで、ベレロポンはこの有翼の馬を調教してキマイラ打倒に成功した。そして彼は他の課題も難なくこなし、その功績を認められて、イオバテスから王権を半分譲られ、彼の娘を娶って子宝にも恵まれた。

しかし、剛勇ベレロポンの末路は、若かりし頃の華やかな活躍とは対照的に哀れなものになった。『イリアス』第六歌によると、彼はすべての神々の憎しみを受け、人々を避けてただひとり野をさまよう身となったが、晩年のこの孤独は、神々への挑戦という無謀な試みに対する神罰であった。ピンダロスの『イストミア祝勝歌』第七歌は、ベレロポンがオリュンポスに登って神々と交わろうとしたためにペガソスに振り落とされたと伝えている。

ミノタウロス

キマイラは動物だけを寄せ集めた合体怪獣であったが、ハイブリッド・タイプ全体を眺めると、動物同士のかけ合わせよりも動物と人間の合成というパターンのほうが多い。ミノタウロスやメドゥサ、スピンクス、セイレン、ケンタウロスなどがその例である。また、他の多くの怪物の祖先となった原初的怪物のエキドナもこのタイプに含まれる。

人獣合成型の代表はミノタウロスである。この怪物の名前は人間と動物のハイブリッドで、クレタ島の王ミノスと、牡牛を意味するギリシア語のタウロスの合成語である。その名称どおり、頭部だけが牛で首から下は人間という半人半獣であった。

さらにその出自も人間と動物の雑種で、ミノス王への神罰としてこの怪物は誕生した。ミノスが海神との約束を破ったことについてはすでに第四章のヘラクレスの七番目の功業で述べたが、その罰として海神ポセイドンはミノスの妻パシパエの欲望を牛に向けた。王妃パシパエは名匠ダイダロスの助けを借りて獣姦を行ない、牛頭人身のミノタウロスを生んだ。ミノスは、人肉を要求するこの危険な怪物を、ダイダロスに作らせた迷宮に閉じこめた。この迷宮の中にいったん足を踏み入れると、二度とそこから出ることはできない。そして、ミノタウロスの食欲を満たすために、ミノス王は少年少女たちを生贄としてクレタに送るよう、アテナイに要求していた。

この理不尽な要求に対して、アテナイの王子テセウスは自ら志願して犠牲者の一行に加わり、怪物征伐のためにクレタに乗りこんだ。ミノス王の娘のアリアドネはテセウスに心を寄せ、彼を助けるために糸玉を授けた。テセウスは糸玉の一端を迷宮の入り口に結びつけて迷路を進んだので、図に描かれているようにミノタウロスを殺害した後も、糸をたぐりながら難なく脱出することができた。

《ミノタウロスを殺すテセウス》前470年頃（フィレンツェ、国立博物館蔵）

この話には後日談が伝わっている。テセウスはアリアドネとともにクレタ島を出発したが、途中、ナクソス島で彼女を置き去りにした。その島でアリアドネはアルテミスの矢に射られて死んだとも、あるいはディオニュソス神が彼女を妻にしたとも伝えられる。ヘレニズム時代以降の伝説では、ディオニュソスが結婚の贈物として彼女に贈った冠が冠座になったという。

一方テセウスのほうはその後アテナイに戻るが、怪物退治に出発する前に父親のアイゲウスと交わしていた約束を帰国の際に失念してしまった。すなわち、無事にアテナイに帰ってくることができるなら、それを知らせる目印として入港時に白い帆をあげる約束になっていた。しかし、テセウスはそれを忘れ、船の帆は黒いままであった。遠くから黒い帆を見た父アイゲウスは、息子が死んだものと誤解して海に身を投げた。それ以来「アイゲウスの海」と呼ばれるようになったのが、今日のエーゲ海である。

メドゥサ

ミノタウロスの物語には、クレタ島に栄えたミノア文明の記憶が反映されている。この伝説の成立は非常に古い時代までさかのぼると見なされる。これと同様に最古層に属する伝説の一つが、ペルセウスのメドゥサ退治である。メドゥサはミノタウロスと同じく、動物と人間のハイブリッド型の怪物である。ペルセウスがアテナから惜しみない庇護《ひご》を与えられた返礼に、女神にメドゥサの首を奉納した経緯は以下のようなものであった。

娘から生まれる子によって殺されるであろうという予言が、アクリシオスという王に下った。そこで彼は娘のダナエを青銅の塔に閉じこめ、男を寄せつけないようにした。しかしゼウスがダナエに目をつけ、黄金の雨となって彼女の膝に降り注ぐ。その結果ダナエは身ごもり、ひそかに男児を出産した。この赤ん坊がペルセウスである。この事実はやがて父王の知るところとなり、予言の成就を恐れたアクリシオスは、娘と孫を箱に入れて海に流した。

しかし幸運にも、その箱はセリポスという島に流れ着き、親切な漁師に助けられてペルセウスは無事に成長する。ところがその島の王がダナエを見そめ、恋路の邪魔になるペルセウスを亡き者にしようと企んだ。ペルセウスはその計略に引っかかり、ものの弾みで「ゴルゴンの首を取ってきてみせよう」と豪語してしまった。

ゴルゴンとは、蛇の髪と猪の牙のような鋭い歯、そして鋭い青銅の鉤爪《かぎづめ》を持つ醜悪な怪物三姉妹の総称である。三人のうちの二人は不死であったが、メドゥサだけが死すべき運命の身であった。メドゥサの恐ろしさは、醜怪な姿よりもむしろその眼差しに潜んでいる。その目には、すべてのものを石に変える魔術的な力が備わっていたのである。オウィディウスの『変身物語』第四巻によると、メドゥサはとりわけ髪の麗しさがきわだつ美女であったが、アテナ女神の神殿で海神ポセイドンと交わったため、この不敬な行為への罰として、女神はメドゥサの頭髪を醜い蛇に変えたという。第二章で述べたように、蛇は太古の大女神の聖なる動物であったが、ギリシア神話では常に魔力を帯びた邪悪のシンボルになった。

さて、ペルセウスは蛇髪の怪女を討ち取ると宣言したものの、その居場所さえわからない。だが、アテナ女神の助言に従って、最初にグライアイを訪れる。三人で一眼一歯を共有しているこの老女たちからゴルゴンの居場所を聞き出すと、次に別のところへ行って妖精たちから、翼のついたサンダルと、かぶると姿が見えなくなる魔法の帽子——これは冥界の王ハデスの所有物だという――、そしてゴルゴンの首を入れる袋を借り受けた。またヘルメスからは、金剛の鎌を授けられた。

ペルセウスは有翼のサンダルで一足飛びに西の果てに到着すると、眠っているメドゥサの姿を盾に映し出し、直視しないように顔をそむけながらその首を鎌で掻《か》き切ると、袋に詰めて即座に逃げ去った。他の二人のゴルゴンが緊急事態に気づいてすぐにペルセウスを追いかけたが、魔法の帽子をかぶった彼の姿は誰にも見えない。こうしてペルセウスは難なくメドゥサを討ち取った。帰郷の途中で彼はもう一つ別の武勇談（第六章参照）をなし遂げた後に母親のダナエのところに戻り、母を苦しめてきた王にメドゥサの首を示すと、王はたちまち不動の石と化した。このようにして邪悪な王への復讐を遂げたペルセウスは、援助を与えてくれた女神アテナに感謝のしるしとしてメドゥサの首を贈ったのである。

アテナはアイギスという山羊皮のケープのようなものをいつもまとっているが、これをペルセウスからの贈物で飾り、常にゴルゴンの首を身につけている。この蛇髪女の頭部はゴルゴネイオンと呼ばれ、古代から頻繁に形象化された。目を大きく見開き、口を開けて牙をむき出し、舌をだらりと垂らしたメドゥサの表情は魔除けとして盾や武器、あるいは屋根瓦《やねがわら》、印章などを飾り、実生活でもゴルゴネイオンには恐るべき魔力があると信じられた。このモンスターの女王の頭はルネサンス以降、レオナルド・ダ・ヴィンチ（散逸）やルーベンスを

《メドゥサの首》カラヴァッジオ、1598－99年（フィレンツェ、ウフィツィ美術館蔵）

はじめとする何人もの画家の創作意欲をかきたてることになる。図は、ミケランジェロ・メリージ通称カラヴァッジオの初期の作品で、ポプラ材の盾を飾る油彩画である。

ペルセウスはその後、母とともに祖父アクリシオスを訪ねようとして、その途中で、たまたま行なわれていたある葬礼競技会に参加した。彼が競技者として出場し、円盤を投げたところ、偶然にもその同じ競技会を観戦するために観客席に座っていた祖父のアクリシオスにその円盤は命中した。このようにして、孫に殺害されるという予言が実現する。

一方メドゥサのほうは、英雄ペルセウスによって頭を切り落とされたとき、すでにポセイドンの子を宿していた。そして刎《は》ねられた喉元《のどもと》から、有翼の馬ペガソスとクリュサオルが生まれた。クリュサオルは「黄金の剣を持つ者」を意味し、自身はこれといった特徴を持つ怪物ではなかったが、器官過剰型の怪物のところで述べた三頭三身のゲリュオンがこのクリュサオルから生まれた。

ケンタウロス

J・K・ローリングのハリー・ポッター・シリーズにはケンタウロスが登場する。真夜中の森のなか、行く手で突然何かが動く。すると、「開けた空間に現れたのは……人間、いや、それとも馬？　腰から上は赤い髪に赤いヒゲの人の姿。そして腰から下はツヤツヤとした栗毛に赤味がかった長い尾をつけた馬」（『ハリー・ポッターと賢者の石』第一五章　松岡佑子訳）ケンタウロスたちは、ホグワーツ魔法魔術学校の生徒たちの恐怖の的である禁断の森にひっそりと棲息している。

ケンタウロス族はギリシア神話でも森や山野に住んでいる。だがその性格は、ハリー・ポッター・シリーズの同類とは大違いである。ギリシアの半人半馬の種族は野蛮で攻撃的、加えて好色で、酒に酔うと手がつけられないほど凶暴になる。ラピテス族の王ペイリトオスの婚礼に招かれたとき、ケンタウロスたちは生まれて初めて葡萄酒を口にした。そして酩酊《めいてい》のあげく、宴客の女性たちに乱暴し始めたばかりではなく、花嫁まで掠奪しようとしたため、この半人半馬の種族とラピテス族の間に戦いが繰り広げられることになる。この戦闘シーンのレリーフは、かつてはアテネのパルテノン神殿の南メトープを飾っていたが、現在は大英博物館に陳列されている。

この半人半馬の一族は、酒に酔うと反社会的な振る舞いに及ぶ。彼らの形態と行動は、人間の理性と獣性の結合を象徴しているように思われる。ケンタウロス族の大部分のものは粗暴で野卑な性格であるが、聡明《そうめい》なケイロンや善良なポロスのような例外もいた。ケイロンは弓術や医術、狩猟、音楽など武芸百般に秀でた最高の教育者で、アキレウスなど多くの英雄たちを育てた。一方ポロスは、第四功業で猪を生け捕りにしようと奮闘中に立ち寄ったヘラクレスをもてなした。ポロスは生肉を常食としたが、ヘラクレスには焼いた肉と葡萄酒を供したという。古代ギリシアでは、訪問者が誰であろうとも礼を尽くしてもてなすことが神意にかなう行動様式であり、客を歓待するかどうかは文明と非文明を区分するバロメータであった。したがって、半人半馬のポロスには、生肉の摂取という野蛮の記号と客の歓待という文明の記号が同居していると解釈されるだろう。

ケンタウロス族の躓《つまず》きの石となった葡萄酒に関連する異形として、ディオニュソス神の従者のサテュロスたちに触れておこう。サテュロスたちもケンタウロス族と同じように山野に住み、性的快楽を好む。陶器画に描かれたサテュロスたちはたいてい禿頭《はげあたま》で髭《ひげ》が生え、尻には馬の尾がついているほか、陽物が強調されている。古代の陶器画では、いかにも好色そうな表情を浮かべたサテュロスたちがディオニュソスの信女たちに卑猥な行為をしようとしている場面も少なくない。

スピンクス

エジプトのピラミッドのそばにはスピンクスの像がある。スピンクスはエジプトでは男性であったが、ギリシアでは女性の顔とライオンの胴体と鳥の翼を持つ異種混合型である。この怪物を倒したのは、父親を殺し母親と結婚したという伝説で名高いオイディプスである。オイディプス伝説の最も古い話形は、悲劇詩人ソポクレスが『オイディプス王』で展開した筋とは若干異なっているが、標準的な話形はこの悲劇によって確立された。そしてその影響は、ローマの悲劇作家で哲学者でもあったセネカ（前五／四－後六五）の『オエディプス』から、二〇世紀の精神分析学者フロイト（一八五六－一九三九）の「エディプス・コンプレックス」の概念にまで及んでいる。

オイディプス（Oidipous）という名前は「脹《ふく》れる（oidein）」と「足（pous）」に由来し、「脹れ足」を意味する。テーバイの王ライオスは、子をもうけてはならないという神託にもかかわらず、妻イオカステとの間に息子を得た。そのため、生まれた赤子は足にピンで傷をつけられて山中に捨てられたが、この脹れ足の子は拾われ、子宝に恵まれなかったコリントスの王の子として育てられた。

オイディプスはこの事実を知らずに成長したが、ある日、コリントスの王の実の息子ではないと友人から告げられた。彼は衝撃を受け、神託を求めてデルポイに向かう。だが、アポロン神から告げられた託宣は、「父を殺し、母と結ばれるであろう」というさらにショッキングなものであった。そこで彼は神託の実現を恐れて、コリントスには戻らずに漂泊の旅を続けた。オイディプスがある狭い三叉路《さんさろ》にさしかかったとき、すれ違いざまに口論になり、相手を誤って殺害してしまう。その人こそ、ほかならぬ実の父親のライオスであったが、この恐るべき真実はずっと後になってから判明する。

三叉路での事件の後、オイディプスがテーバイまでやってくると、スピンクスが彼に謎かけを挑んだ（本章扉絵参照）。スピンクスはこの町の人々に謎をかけ、正解できない者をむさぼり食う怪物であった。ここには野蛮の象徴であるカニバリズムが認められるが、その謎とは、「一つの声を持ち、朝は四本足、昼は二本足、夜は三本足のものは何か」というものであった。オイディプスが正解を言い当てたため、謎かけに敗れた怪物は崖から身を投げた。

この謎の答えは、二足歩行の人間である。朝とは乳児期の比喩であり、杖にすがって三本足となる老年期が夜にたとえられている。オイディプスはこの謎に対して無言で自分自身を指差して答えたとも伝えられるが、彼は実際にその後、杖を手放せない身となった。すなわち、先王ライオスの突然の死去の後に布告が出され、スピンクスを成敗した者が先王の妃と結婚してテーバイの王位を継ぐことになっていた。この布告に従って、オイディプスは真実を知らないまま、自分の母親と結婚した。父親の殺害と近親相姦の予言は、このようにして彼の意図とは裏腹に成就されたのである。さらにその後何年も経ってから、飢饉がテーバイの国を襲い、その原因を究明するうちに、オイディプス自身にすら隠されていた運命的な恐るべき秘密が白日の下にさらされた。このとき彼は自らの手で両眼を潰し、杖の助けを借りながら諸国を放浪する身となったのである。

セイレンとハルピュイア

怪物の類型から見ると、獣の身体を持つスピンクスの背に翼があるのはめずらしい。というのは、翼を持つ怪物のほとんどが鳥と人間のハイブリッドだからである。その最も代表的な怪物は、救急車やパトカーのサイレンの語源となったセイレンである。この鳥女たちが最初に登場する文献は『オデュッセイア』第一二歌である。船乗りたちはセイレンの甘美な歌声に魅了されて船の操縦を誤り、難破の憂き目に遭う。そのため、セイレンの島の周囲には白い人骨がうず高く積もっている。オデュッセウスはその危険性を十分に承知していたが、旺盛《おうせい》な好奇心は抑えがたく、船の漕ぎ手たちの耳に蜜蠟《みつろう》を詰める一方、自分の体をしっかりとマストに縛りつけて鳥女たちの美声を聞いた。

ハイネの詩で名高いライン河のローレライ伝説では、魅惑的な歌で人を死に誘惑するのは

《オデュッセウスとセイレン》前475－前460年頃（ロンドン、大英博物館蔵）

人面の鳥ではなく妖しく美しい人魚である。ローレライの身体は人間の女性と魚の混合であるが、その由来は古代ギリシアのセイレンにさかのぼる。前五世紀中葉のセイレンは、顔面が女性で胸から下は鳥の姿であったが、前二世紀の図像では、イルカの尾を持つ女性に変わっている。その下半身が鳥から魚に変化したのは、一説によると、pteryksというギリシア語が単数形では鳥の翼を、複数形では魚のヒレを意味するためであるという。

上の陶器画には、まっさかさまに海に落ちていくセイレンが描かれている。その背景には、人を死に誘う歌声を耳にしながらもこの海の難所を無事に通過する者が現れると、セイレンが死ぬという言い伝えがあった。天才的音楽家のオルペウスにはこれまでも何度か触れたが、彼にもオデュッセウスと同じように、セイレンの誘惑を克服したというエピソードが伝わっている。ロドスのアポロニオスの『アルゴナウティカ』第四歌によると、オルペウスは人類初の巨大船アルゴ号の冒険（第六章参照）に参加し、セイレンの島にアルゴ号がさしかかったとき、竪琴をかき鳴らして鳥女たちの歌声の魔力を制圧した。そのおかげで、船の乗組員たちは難破を避けることができたのである。

『アルゴナウティカ』にはハルピュイアも登場する。ハルピュイアは鳥と人間の交配種の怪鳥であるが、その容貌も性格もセイレンとは異なる。ウェルギリウス『アエネイス』第三歌はハルピュイアについて、「鉤爪《かぎづめ》で乙女の顔をした鳥」とも、「この世で最も恐ろしい怪物」とも描写している。『アルゴナウティカ』第二歌は、アルゴ号の遠征隊と盲目の予言者で王でもあったピネウスとの出会いを描く。ハルピュイアは「掠《かす》め取る女」という原義のとおり、ピネウスが食事に手をつけようとすると、どこからともなく飛んできて、嘴《くちばし》で食べ物を横取りし、後にはすさまじい悪臭を残していくのであった。しかし、アルゴ船の冒険に加わっていたボレアスたち（北風の擬人化）がこの猛禽たちを追い払った。ピネウスは、飢えから救ってもらった感謝のしるしとしてコルキスへの道のりを教え、それによって、アルゴ号の乗組員たちは目的地に到着することができた。

エキドナとテュポン

ヘシオドスの『神統記』によると、エキドナの上半身は美しい女性であるが、下半身は巨大な蛇である。この典型的なハイブリッド怪物は生肉を食し、神々からも人間からも遠く離れて地下深い洞窟に住み、不老不死であった。エキドナの恐ろしさは、その姿もさることながら、畸形の怪物たちを次々とこの世に生み出した点にある。つまり、蛇という邪悪のシンボルを肢体に託されたエキドナは怪物たちの母であり、これまで述べてきたモンスターたちの多くが彼女の末裔である。エキドナの子孫に含まれるのは、オルトス（三頭三身のゲリュオンの家畜を見張る双頭の番犬）や、ケルベロス（冥界の残忍な猛犬）、ヒュドラ（ヘラクレスの第二功業の水蛇）、そしてキマイラ（ライオンの頭と牝山羊の胴体と蛇の尻尾を持つ怪獣）である。これらの怪物たちの父親は、巨大で凶暴なテュポンである。さらにその後、エキドナはわが子のオルトスと交わって、スピンクスとネメアのライオンを生んだ。

諸怪物の祖先であるエキドナのパートナーになったテュポンは、ゼウスの最後の敵として闘って敗れた超巨大怪物である（第一章参照）。『神統記』はこれ以上奇怪なものはおそらくないだろうといわんばかりに、テュポンの描写に力を注ぐ。その肩からは黒い舌をちらつかせる蛇が一〇〇匹もついた首が伸び、その目は爛々《らんらん》と炎を放つ。姿以上におぞましいのはその声である。テュポンは、あるときは「神々に理解される音声」つまり人間の言語を発し、あるときは獰猛な牛の声を、またあるときは残忍なライオンの吼《ほ》え声を、さらにまたあるときには小犬のような名状しがたい鳴き声を出した。

テュポンは地下の深奥にあるタルタロスから生まれ、その同じ暗黒の奈落の底に幽閉された。ギリシア人が抱いた不安と恐怖の幻想は、威嚇的な体軀《たいく》と邪悪を象徴する蛇、そして死を招く火と獣性を帯びた声を具備するこの闇の怪物に形象化されたのであった。

怪物の意味

さてこれまで怪物たちの物語を述べてきたが、最後に、ギリシア神話の怪物の意味を考えてみることにしたい。

怪物の闘争は例外なく、オリュンポスの神々や英雄たちの勝利に終わる。怪物の惨敗という頻繁に繰り返されるパターンには、どんなメッセージがこめられているのであろうか。怪物たちの姿や形は多種多様だが、どの怪物も、最終的には負け組になる。戦いで敗北を喫することがなかったのは、ゼウスの味方をした単眼巨人のキュクロプスと百手巨人のヘカトンケイルだけである。彼らが勝ち組になった理由は、オリュンポス神族に加担したことに求められる。このことから、一つの法則を導き出すことができるであろう。すなわち、オリュンポスという権力、つまりギリシア神話における秩序維持の側に立つ者は、たとえ異形であろうとも優遇される。逆にいうと怪物とは、体制に与《くみ》しない者に与えられた名称であり、それゆえにこそ怪物には、正常から逸脱した特異な容貌という負の烙印《らくいん》が押されるのである。

次に、怪物の系譜をたどると、ポントス（海）に連なるものが多いことに気づく。先ほど述べた諸怪物の母なるエキドナもポントスの子孫である。ポントスはガイア（大地）との間に、多くの子をなした。その子らのうちのポルキュスとケトという兄妹の結婚から、一眼一歯の三老女グライアイとゴルゴン三姉妹が生まれた。そしてゴルゴンたちの一人であるメドゥサは海の神ポセイドンと交わって、クリュサオルと天馬ペガソスを生んだ。さらにクリュサオルがオケアノス（大洋）の娘と交わって生まれたのが、三頭三身のゲリュオンと諸怪物の母エキドナである。

このように、主要な怪物たちの多くはポントスの末裔であり、さらに海神ポセイドンやオケアノス（大洋）の系譜にも連なっている。ギリシアの神々は反逆者にさまざまな方法で仮借のない復讐をするが、海を支配する神ポセイドンは常に、神罰として海から怪物を出現させる。このような怪物と海の強い関連は、何を示唆するのだろうか。海は今でも決して侮ることのできない恐ろしさを秘めている。まして航海術や造船技術が未発達だった時代には、海は人々の心に、想像を絶するほど大きな恐怖をもたらしたことであろう。暴力的で恐ろしい怪物には、海への深い畏怖の念が仮託されていると思われる。

さらに、海に関係する怪物たちには、太古の世界の生成過程の初期に出現したという特徴がある。どんな怪獣にも野蛮や未開を象徴する要素が認められるが、なかでも特に海の末裔の怪物は、原初の世界の混沌や無秩序の名残であるといえるだろう。一方、怪物に対峙《たいじ》する英雄は、野蛮と未開に対置される文明と文化のシンボルである。そして英雄たちは、神の援助を得て初めて怪物討伐に成功する以上、神々の委託を受けて秩序や正義を実現する執行代理人であるといえよう。

さらに怪物たちの棲息地に目を向けると、ほとんどのものはギリシアの中心ではなく遠く離れた場所に住んでいる。オケアノスのほとりや世界の果て、あるいは地下の冥界など、怪物は世界の周辺に追いやられている。

これらのことから、過度の単純化を恐れずにいうならば、次のような図式が成立しているといえよう。

ギリシア　＝中心＝文明＝人間　　　＝美と善
非ギリシア＝周縁＝野蛮＝怪物・獣＝醜と悪

ただし、この図式における「人間」と「美と善」の結びつきは、最も望ましい価値を具備した理想的人間にあてはまるのであって、人間存在そのものが無条件に善や美を体現しているという意味ではない。古典期の文献にはときに、カロカガトス（kalokagathos）という言葉が見いだされる。カロカガトスは「美しい、立派な」を意味するカロス（kalos）と「よい、善なる」を意味するアガトス（agathos）の合成語であり、美と善という究極的価値を兼備する理想的人間像を表わすのに用いられた。あくまでもそのような理想像としての人間を怪物や野獣と対比して考える際に、この図式は成立する。「人間」の内包についてもう一点補足すると、特に対ペルシア戦での勝利の後には、非ギリシア人への意識が強まり、その対比において、「人間」の概念が「ギリシア」人に狭められていく傾向があった。

総じて、優劣や序列の観念を伴った二項対立的な発想は古代ギリシアの思想の特徴である。そして、ギリシア神話のなかでマイナス・イメージを与えられた怪物たちにも二項対立的思考法が刻印されている。さらに、このようなものの見方は、古代ギリシアを精神的故郷とも模範とも仰いできた近代ヨーロッパ的な人間中心主義の根底にも流れている。

今や、自然が危機にさらされ、人間性にも揺らぎが生じている。このような状況のなかで、自然と人間の共生を強調する潮流が勢いを増し、近代西欧の影響のもとに成立した従来型の人間中心主義は再検討を余儀なくされている。ヨーロッパ文化の源泉がキリスト教と古典古代に求められるのであれば、そしてまた、キリスト教の成立に古典古代的な思考法がなにがしかの影響を及ぼしたのであれば、古代ギリシアを曇りのない目で見つめなおす試みはこれまで以上に必要になるであろう。こういった作業を通してこそ二項対立的思考を脱却し、エドワード・サイードの提案する「対位法的思考」が可能になるのではないだろうか。

第六章　空に輝く神話

《銀河の起源》ティントレット、1578－80年頃（ロンドン、ナショナル・ギャラリー蔵）

ギリシア人にとっての星座の意味

おどろおどろしい怪物を扱った前章とはうって変わり、この章ではロマンティックな星空を眺めることにしよう。ギリシア神話に興味を持つきっかけがプラネタリウムだったという人は多い。星座の見分けがつかないから星は苦手という方も、小学校で習った天文のことなどすっかり忘れてしまったという方も、冬の夜空を彩るオリオン座ならきっとすぐに見つけられるだろう。

夜空に目を凝らす前に、ギリシア人にとって星や星座がどんな意味を持っていたかを少し考えてみたい。おそらく漆黒の闇であったに違いない古代の夜空とは違って、現代の大都会では星のかわりにネオンサインがまばゆくきらめく。それでも山や高原に行くと、文字どおり降るほどの星に出会い、夜空を眺めるうちに、想いは果てしない宇宙にしばし広がる。星空には人の心を打つ荘厳さと神秘性が秘められている。

けれども、ギリシア人が星空に見いだしたのはロマンだけではなかった。満天の星はギリシア人にとって、たしかに神話伝説の宝庫であった。しかし天体は紛れもなく、もっと現実的で実生活に密着したものでもあった。羅針盤も海図もまだなかった時代、海の民ギリシア人が地中海やエーゲ海を渡るときに頼みの綱としたのは、昼間ならば点在する島々や太陽の位置であったが、夜ともなれば、星のほかには目印は何もなかった。星が海上を渡る際の案内者であったことは、最古の文献である『オデュッセイア』の第五歌からも読み取ることができる。七年間ともに暮らした女神カリュプソの島を去ることになり、オデュッセウスは自らの手で作った粗末な小舟に乗りこみ、故郷をめざして出発した。暗い大海原をただ一人で漂うオデュッセウスは眠りもせず、ひたすら昴《すばる》や牛飼い座、そして大熊座に目を凝らす。カリュプソが別れぎわに、大熊座を常に左手に見ながら海を渡るよう彼に忠告していたからである。

だが、星と密接に結びついていたのは航海だけではない。農業も、またたく星がなければ立ち行かなかった。わたしたちは日常生活のなかでカレンダーや精密な機械時計をごく当たり前のものとして使っているので、その計り知れない恩恵に改めて感謝することなど滅多にない。しかし古代には、水や砂を利用した素朴な時計はあったものの、時を知るおもな手がかりは太陽と月と星であった。農耕に従事していたギリシア人にとって、とりわけ星と星座が農作業の時期を告げる大事な目安であった。

『仕事と日』は、まじめに働くことの大切さをヘシオドスが弟に説いた教訓詩であると同時に、有益な農事暦をふくむ実用書でもあった。たとえば、「昴の昇る頃に刈り入れをし、昴の沈む頃に耕耘《こううん》を始めよ」というように、農作業に最も適した時期は、常に星との関係で告げられる。ちなみに当時昴が昇ったのは今でいえば五月中旬頃のこと、そして昴が沈むのは一〇月末あたりであった。畑を鋤いて種を蒔くべき時期は現在の暦の一〇月末から一一月初めにあたるが、詩人はそれを「昴と雨星とオリオンが沈む時分」と表現する。麦の脱穀の時期はオリオンが姿を現す頃、つまり六月中旬から下旬あたりである。ワインは今もギリシア人の生活に欠かせないが、原料の葡萄の手入れは牛飼い座のアルクトゥロスという星と結びつけられた。すなわち、葡萄の剪定《せんてい》作業を開始するのは、この星が黄昏《たそがれ》の空に初めて昇り、春が来てツバメが姿を現す時分であり、葡萄を摘み取るべき時期は、オリオンとシリウスが中天に達してアルクトゥロスが明け方に見えるようになる頃であると、ヘシオドスは教える。このように古代ギリシアでは、星は農作業と密接に関連していた。

太陽系の惑星

昔はカレンダーや機械仕掛けの時計だけではなく、望遠鏡ももちろんなかった。頼みの綱は肉眼だけなので、いくら視力がよくても夜空で認識できる星の数はたかが知れているだろうとわたしたちは考えがちであるが、そうではない。古代ギリシアでもすでに一〇〇〇個以上もの星が認識されていたのである。慢性的に眼を酷使している現代人よりも古代人のほうが、視力がはるかによかったのかもしれない。もっとも、当時は星の観察を妨げる余計な光源もなかったのではあるが。

ひと口に星といっても、惑星と恒星とでは運行が異なる。そこでまず、太陽系の惑星と神話の結びつきから始めよう。太陽系の惑星はかつて、地球を含めて九つとされていた。従来は、太陽から近い順に水・金・地・火・木・土・天・海・冥と覚えたものだが、近年は最後の二つの星の順序が入れ替わり、また二〇〇六年八月以降、冥王星は準惑星に分類されている。それはともかく、古代ギリシアで知られていた星は水星、金星、火星、木星、土星の五つだけで、いずれも神話的名称で呼ばれていた。

それらの名前を、二〇世紀イギリスの作曲家グスターヴ・ホルスト（一八七四―一九三四）の管弦楽組曲『惑星』（一九一六年）の七つの楽章の順に、ギリシア名で列挙することにしよう。第一楽章「火星、戦争をもたらす者」は軍神アレス、第二楽章「金星、平和をもたらす者」は美と愛欲の女神アプロディテ、第三楽章「水星、翼のある使者」はヘルメス。そして第四楽章「木星、快楽をもたらす者」は、序章の冒頭で触れたように、ゼウスである。続く第五楽章「土星、老いをもたらす者」はクロノスである。

太陽系最大の惑星である木星はゼウス、そしてそれに次いで大きい土星にはゼウスの父クロノスの名が与えられた。クロノスはラテンでは、ローマ古来の農耕の神サトゥルヌスと同一視された。周知のように、英語の Saturday の語源はサトゥルヌスの英語形 Saturn である。余談ながらローマでは、サトゥルヌスの祭りであるサトゥルナリアが現在の暦でいうと一二月一七日から一週間にわたって祝われ、贈物の交換も行なわれていた。サトゥルナリアの祭典は、時期の点でも贈物の慣例という点でもイエス・キリストの祝誕行事とよく似ており、クリスマスの起源と見なされている。

ホルストの『惑星』に戻ると、第六楽章「天王星、魔術師」はウラノス、第七楽章「海王星、神秘主義者」は海神ポセイドンである。先に述べたように、古代人が認識していた惑星は五つだけである。一方、天王星が発見されたのは一七八一年、そして海王星の存在が確認されたのは一八四六年で、いずれも近代になってからのことである。星にギリシア神話の神の名を採用するのは古代の慣習であったが、この命名方法は、近代に入ってからもやはり踏襲されたのである。

組曲『惑星』は以上の七つの楽章で終わる。しかしわたしたちはもう一つ、太陽系の最も外側にある冥王星を知っている。ホルストがこの曲に取り組んでいたのは一九一四年から一九一六年にかけてのことであり、当時まだこの惑星のことは知られていなかった。冥王星の発見は、この曲が完成してから一四年後の一九三〇年であるから、ホルストの組曲にその楽章がないのも当然である。そこで、ハレ管絃楽団の音楽監督であった指揮者のケント・ナガノの依頼で、ホルストと同じイギリス出身の作曲家コリン・マシューズが『冥王星、再生をもたらす者』（二〇〇〇年）を作曲した。冥王星につけられたプルトという名は、冥界の王ハデスのラテン語形に由来する。

ホルストの『惑星』にない楽章は、もう一つある。地球である。わたしたちの住むこの青い惑星に与えられている神話的名称は、ガイア（大地）である。地球温暖化や環境問題、あるいは自然と人間の共生といった文脈で、最近はこの名称を耳にすることが多くなった。第一章で述べたように、太古原始のカオスから突如として生じ、神々と万物を生み出した母なる女神ガイア、それが地球である。けれども、地球が自転する球体であり、太陽を中心に公転する惑星であるという事実を、古代ギリシア人はもちろん認識してはいなかった。

占星術

星や星座でわたしたちに最もなじみが深いのは、なんといっても星占いである。昨今の特に女性向けの雑誌で星占いの欄のないものを探すのは難しい。それほど星座は運勢や占いと結びついている。星の運行と個人の運命を結びつける占星術は、もともとメソポタミアで、特にバビロニアで発達した。占星術の知識がギリシアに流入したのは前六世紀後半、ギリシア世界がポリス（都市国家）の形成に向かっていた頃のことである。けれどもポリス社会の成熟期である前五世紀頃には、星占いの流行はほとんど見られなかった。占星術や星の神話への関心が高まったのは、ヘレニズム時代に入ってからのことである。

ヘレニズム時代になってから占星術がブームになったのはなぜだろうか。その原因の一つは、アレクサンドロス王亡き後、ギリシア世界が拡大してオリエントとの交流がふたたび活発化したことに求められるであろう。しかし理由はそれだけではない。ヘレニズム期は不安の時代とも呼ばれる。ポリスの民主的な政治体制が崩壊し、政治情勢や社会が大きく変化した結果、人々がポリスという共同体の運命よりも個人の運命への関心を強めたことも、星占いが隆盛になった一因であった。

星座の物語が発達したのも星占いの流行とほぼ同じ頃のことである。ヘレニズム時代には、天体を主題とする詩や通俗天文学書がいくつも生み出された。そのうち最も人気を博したのは、アラトス（前三一五頃－前二四〇／三九）という詩人の『パイノメナ』（前二七〇年頃）である。『パイノメナ』は英語の phenomenon「現象、事象」の複数形にあたる語で、『天界現象』あるいは『星辰譜《せいしんふ》』と和訳される。『パイノメナ』は通俗的とはいえ、天文学の分野で現存する最古の文献であり、天体に関する知識や星と星座にまつわる多くの神話を含んでいた。この詩は当時、賞賛と人気をほしいままにし、柳の下の二匹目のドジョウをねらう天文詩も多数輩出した。アラトスの『パイノメナ』には何種類ものラテン語訳も出され、注釈書も多く書かれた。そして中世になってからも、この書物はリベラル・アーツつまり自由七学科の一つであった天文学の教科書になっていたとみられ、その影響力は古代にとどまらなかった。

ヘレニズム期には天文学書だけではなく、変身を主題にした物語も大いに人気を博した。変身と星を結びつけ、主人公が最後に星座になる話ばかりを集めた娯楽的な物語集が、アラトスの少し後の時代に流行した。たとえば、エラトステネス（前二八五頃－前二〇〇頃）作と伝えられる『カタステリスモイ（星への変身）』がその例である。この詩の作者とされるエラトステネスは、幾何学の知識を応用して地球の周囲の長さをかなり正確に推測したり、名高いアレクサンドリア図書館の館長を務めたりもした多才な学者で、天文学も彼の研究分野の一つであった。ただし近年の研究では、この詩はエラトステネスの真作ではないと見なされている。

牡羊座・牡牛座

次に、占星術の星座にまつわるギリシア神話を紹介することにしよう。天球には黄道帯《こうどうたい》と呼ばれる太陽の通り道がある。星占いでは黄道帯が一二等分され、各部分に一つずつ星座が配置されている。一二宮が考案されたのは今から三〇〇〇年ほど前で、その頃には、昼と夜の長さが同じになる春分点が牡羊座の位置にあったため、牡羊座が黄道の第一宮とされていた。牡羊座を最初に置くのが現在も一般的なので、この星座から始めることにする。

まず三月二一日から四月一九日生まれの人の星座である牡羊座と結びついているのは、ギリシアの最古の伝説の一つのアルゴ船の物語である。『オデュッセイア』の作者も明らかにこの伝説を知っており、オデュッセウスの航路にこの古い伝説を巧みに取り入れた。この伝説を題材とする詩で現存するのは、ロドスのアポロニオスというヘレニズム時代の詩人の『アルゴナウティカ』である。この作品に登場するセイレンやハルピュイアなどの怪物については、すでに第五章で触れた。

『アルゴナウティカ』は、人類最初の巨大船アルゴ号による英雄イアソンの冒険を語る。この船は黒海の東端にあるコルキスを目指した。イアソンがギリシアから遠く離れた場所まで航海をする目的は、黄金の羊の皮を獲得することである。この金毛羊皮はコルキスの王の宝物で、戦の神アレスの聖域で樫《かし》の木に吊るされ、竜にしっかりと守られていた。これを奪い取るのは至難の業であったが、イアソンはコルキスの王女メデイアの好意と援助を受けて、目当ての金毛羊皮を手に無事にギリシアに戻る。

金毛羊皮がこのような遠方にあるのは、アタマスというギリシアの王から生まれた子どもたちに関する別の物語に由来する。アタマスの息子のプリクソスと娘のヘレが継母に疎んじられて殺されそうになったとき、彼らの実の母親がこの二人の子を救うために、人声を発する黄金の羊を遣わした。彼らはその背に乗って故郷から逃れたが、その途中、王女のヘレのほうは不幸にも現在のダーダネルス海峡のあたりで海に落ちて死んだ。そのため、この海峡は「ヘレの海」を意味するヘレスポントスと呼ばれるようになった。王子プリクソスのほうは幸い、黒海沿岸のコルキスまで無事に逃れた。そして黄金の羊を神への感謝のしるしとして犠牲に捧げ、羊毛をコルキスの王に与えた。この金色の毛を持つ牡羊をゼウスが天に引き上げて牡羊座にしたといわれる。

四月二〇日から五月二〇日生まれの人の運勢に関わる牡牛座も、古い伝説に由来する。ゼウスが美しい王女エウロペを見そめ、牡牛の姿に変身して彼女に接近したという神話である。これについてはすでに序章冒頭のガリレオ衛星の項で述べた。星座の由来にはたいてい複数の説があるが、牡牛座の場合も、エウロペを誘惑した牛とではなく、ヘラクレスの七番目の功業のクレタ島の牛と結びつける説もある。

双子座・蟹座・獅子座・乙女座

次に、五月二一日から六月二一日生まれの人の運勢をつかさどる双子座についても、ギリシア神話には双子が何組も登場するため、この星座がどの双子を指すかには、複数の説がある。最も有力視されているのはカストルとポリュデウケスという双子で、双子座には実際に、カストルという二等星とポルックス（ポリュデウケスのラテン語形）という一等星が含まれる。

日本ではポルックスは「きんぼし」、カストルは「ぎんぼし」と呼ばれている。ギリシア神話のカストルは馬を飼い馴らすのが得意で、ポリュデウケスはボクシングの名手であった。この双子はゼウスの子であるため、別名ディオスクロイとも呼ばれる。ディオスは「ゼウスの」、クロイは「青年、若者」の意味で、文字どおり「ゼウスの息子たち」である。トロイア戦争を招いた傾国の美女ヘレネは、後出の天の川の項で述べるように、この双子の姉妹にあたる。

一方、六月二二日から七月二二日生まれの人の星座である蟹座は、第四章で述べたヘラクレスの一二功業に関係する。ヘラクレスが水蛇ヒュドラと格闘したとき、女神ヘラは彼を苦しめるためにその足元にカニを放った。カニは彼の足をはさんで水蛇退治の邪魔をしようとしたが、たちまちこの英雄に踏み潰されてしまった。カニの労に報いるために、ヘラがこれを天に引き上げて星座に変えたという。

ヘラクレス伝説に由来する星座は、蟹座のほかにもう一つある。それは七月二三日から八月二二日生まれの人の運勢を左右する獅子座で、一二功業のうちで最初に達成されたネメアのライオン狩りのライオンがこの星座になった。獅子座の一等星のレグルスは「王、支配者」を意味するラテン語に由来する。

次に、八月二三日から九月二二日生まれの人が属する乙女座であるが、この星座の乙女についても先の双子座と同様にさまざまな説がある。『パイノメナ』の著者アラトスは、「掟」を意味する女神テミスがゼウスと交わって生んだ娘アストライアが乙女座になったと説明する。この乙女は地上で正義を分配していたが、人間があまりにも堕落したために怒って地上を去り、天の星になったという。この乙女は背に翼があり、手に麦の穂を携える姿で想像された。乙女座に含まれる一等星のスピーカは、「麦の穂」を意味するラテン語の spica に由来する。麦の穂から、この乙女を穀物の女神デメテルとする説もあるが、娘を持つデメテルを乙女つまり処女と見なすのはかなり無理な解釈であろう。

天秤座・蠍座・射手座・山羊座

一二宮にまつわる神話には、バビロニアの影響を受けたものが多い。九月二三日から一〇月二三日生まれの人の天秤座もその一つである。この星座はギリシアではもともと蠍《さそり》座のサソリのはさみの部分に見立てられていたが、バビロニアの影響によって、乙女座の乙女が正義をはかるときの天秤と見なされるようになった。天秤の図像は、正邪をはかる伝統的シンボルである。

次に、一〇月二四日から一一月二一日生まれの人の守護星座である蠍座もバビロニア起源である。この星座で目につくのが、サソリの背のまんなかにきらめく赤い一等星のアンタレスである。アンタレスという名は、敵対を示すギリシア語の前置詞antiと戦の神アレス(Ares)の合成語Antaresに由来し、「軍神アレスに敵対する者」という意味を帯びている。

蠍座にまつわるギリシアの神話は、冬の代表的な星座であるオリオンと結びついている。狩人のオリオンが猛烈な勢いで狩りをして、世界中の獣を狩りつくしてしまう恐れがあったため、ガイアが凶暴なサソリを放ってこの狩人を殺した。獣の敵である猟師オリオンを倒した功績により、そのサソリは天上に引き上げられて星座になった。一方、オリオンを慕っていた狩猟の女神アルテミスは彼の死を悼み、ゼウスに願い出てオリオンを夜空に置いてもらった。オリオン座と蠍座は、ちょうど一八〇度隔てた正反対の位置にあるため、蠍座が沈まないとオリオン座は現れない。神話はこの現象を、オリオンがサソリを恐れて逃げまわっていると説明する。

続く射手座は一一月二二日から一二月二一日生まれの人の星座で、これもバビロニアに由来する。半人半馬のケンタウロス族については第五章で触れたが、ギリシア人は射手座を、ケンタウロスが立ち上がって弓を引く姿に見立てたのである。

一二月二二日から一月一九日生まれの人の運勢を支配する山羊座もやはりバビロニア起源で、ヤギの頭と魚の尻尾を持つ不思議な動物の形をした星座として想像された。しかしギリシアでは、この星座のヤギはゼウスの幼年期と結びつけられた。第一章で触れたように、父クロノスの目を逃れてひそかにクレタで誕生したゼウスは、アマルテイアという名のヤギに乳を与えられてすくすくと育った。アマルテイアの角は、神々の食べ物であるアンブロシアと神々の飲み物であるネクタルに満ちていたからである。「豊穣の角」あるいはコルヌ・コピアと呼ばれる角形の装飾品は、このアマルテイアの角に由来する。山羊座はアマルテイアに由来するという説のほか、田園に住む牧歌的な神のパーンを表わすともいわれる。牧神パーンは上半身が毛深い男性、下半身はヤギの姿で、森の茂みからいきなり現れて人をびっくり仰天させるため、パーンからパニックという言葉が派生した。

水瓶座・魚座

次に、一月二〇日から二月一八日生まれの人は水瓶座に属する。水瓶座は水瓶を持つ人の姿で表わされるが、水瓶を抱えているのは、第一章の洪水伝説の主人公デウカリオンであるとも、序章で触れた美少年のガニュメデスともいわれる。ある日突然、ワシの姿のゼウスに愛息を奪われたガニュメデスの両親は深く嘆き悲しんだ。そこでゼウスは、夜になれば彼の両親にもその姿が見えるように、水瓶を抱えるガニュメデスを星として天に配したという。この少年をさらったワシも、七夕の牽牛彦星《けんぎゅうひこぼし》としておなじみの一等星アルタイルを含む鷲座になった。

一二宮の最後の星座は、二月一九日から三月二〇日生まれの人の魚座である。春分点は昔は牡羊座にあったが、現在では魚座にある。魚座は「北の魚」と「西の魚」という二匹の魚をひもで結んだV字形をしている。美の女神アプロディテとその子エロスがユーフラテス川のほとりで怪物テュポンに出会ったとき、魚に変身して川に飛びこんで逃げ、その二匹の魚が星になったと伝えられるが、これは明らかにオリエント風の話である。魚座にまつわる神話的な物語はこのほかには特に見当たらない。そこで、星座とは無関係だが、魚にまつわる余談を一つ。

新約聖書がギリシア語で書かれたように、ギリシア語とキリスト教には深いつながりがある。それを端的に告げるのが、初期キリスト教のシンボルマークの魚である。ガリラヤの漁師であったペテロが第一の弟子として「人間を漁《すなど》る漁師」と呼ばれ、聖体拝領の原型とされる「パンと魚の奇跡」の逸話が四福音書のすべてに収録されているなど、キリスト教と魚には因縁浅からぬものがあるが、魚はなぜ初期キリスト教のロゴになったのだろうか。それは、魚を意味するギリシア語の ichthys のつづりと関係する。「神の子イエス・キリスト救世主」をギリシア語でいうと、Iesous Christos theou hyios soter となる。Iesous は人名でイエスのこと、Christos はもとは形容詞で「聖なるものとして油を塗られた」を意味するが、固有名詞としてキリストを指すようになった。そして theou は「神の」、hyios は「息子」、そして最後のsoterは「救済者」という意味で、キリスト教以前のギリシアの神々もしばしばこの名で呼びかけられた。「神の子イエス・キリスト救世主」という言葉を構成しているこの五つの単語の頭文字をつなぐとichthysというつづりになる（ただし、hyiosのhはギリシア語では独立した文字ではなく、有気を示す記号で表わされるため、yが頭文字になる）。このことから、魚が初期キリスト教の象徴になったのである。

天の川

占星術はバビロニア起源であるため、一二宮のすべての星座がギリシアの伝説と直結するわけではない。とはいえ星占いを離れると、オリエント起源のホロスコープとは関係なくギリシアで独自に発達した星の神話も多い。そこで次に、プラネタリウムの解説などでもおなじみの星座の物語を見ておこう。

星座よりも見つけやすいのは晴れた夜空いっぱいに広がる天の川で、これはヘラクレス伝説と結びついている。天の川は英語でmilky way（乳の道）、あるいはgalaxy（銀河）と呼ばれる。galaxyの語源は、乳を意味するギリシア語のgalaである。天の川とヘラクレス伝説の結びつきを描いたのが、本章の扉にあげたティントレットの『銀河の起源』である。あるとき女神ヘラは彼女のところに連れてこられた赤ん坊に乳を含ませていたが、この乳児が仇敵《きゆうてき》のヘラクレスとわかるとあわてて彼をふりはらった。すると女神の乳汁が空一面に飛び散り、それが天の川になったという。

夏の夜の天の川はわたしたちにとっては、一年に一度、七夕の日にしか会えない彦星と織姫を隔てる非情の川としておなじみである。昔の陰暦と現在の太陽暦のずれのせいか、七月七日は降水確率が高く、織姫と彦星が会えない年が多い。彦星にあたるアルタイルは鷲座に属するが、織姫のほうは琴座の一等星ベガである。琴座の形は、リュラと呼ばれる古代ギリシアの弦楽器を表わす。

リュラを発明したのは神ヘルメスで、生まれて間もないときに亀の甲羅をはがし、それに七本の糸を張って楽器を作った。泥棒の守護神でもあるヘルメスには、誕生直後にゆりかごから這い出して家畜の神アポロンの牛の群れをこっそり盗んだという逸話があった（序章参照）。大事な家畜を盗まれて立腹するアポロンに、ヘルメスは自ら発明したばかりのリュラをお詫びに贈って仲直りをしたと、『ホメロス風讃歌』の一篇の「ヘルメスへの讃歌」は伝える。

琴座のベガと鷲座のアルタイルは、白鳥座のデネブとあわせて「夏の大三角形」を構成する。白鳥座は五つの星で十字架の形を描き、そのなかの一等星がデネブである。白鳥座の伝説は双子座と関連している。双子座のディオスクロイと美女ヘレネが同じ親から生まれたことについては先ほど述べたが、彼らを生んだのはスパルタの王妃レダである。レダは、ハクチョウに変身して誘惑したゼウスの子を宿して二つの卵を産んだ。レオナルド・ダ・ヴィンチがこの伝説を描いたが、オリジナルは失われて、他の何人かの画家たちによる模写しか残っていない。その一つが左の絵である。

このハクチョウが白鳥座になったのだが、二つの卵のほうからは四人の兄弟姉妹が生まれた。双子のカストルとポリュデウケス、そしてヘレネとその姉妹のクリュタイムネストラである。ギリシア神話きっての悪女とされるクリュタイムネストラについては、第七章で改めて述べる。

《レダ》チェザーレ・ダ・セスト（？）によるレオナルド・ダ・ヴィンチの散逸作品（1510－15年頃）の模写、年代不詳（ソールズベリ、ウィルトン・ハウス蔵）

昴

次に、「星はすばる」と清少納言が『枕草子』で記した星の集まりに移ろう。『広辞苑』によると、昴という漢字をあてるこの名称は、元来は「一つにまとまる」という意味を持っていて、統一の統の字をあてた「統《す》べる」に由来する。その名のとおり、昴は一まとまりの星団として北の空に輝いている。ギリシア人は昴をプレイアデスと呼び、七人姉妹と見なした。プレイアデス（Pleiades）の語源は、「船で航行する」という意味の動詞pleinである。ギリシア語の「冬」という単語には、「嵐」という意味もある。そこから察しがつくように、冬場は、海が荒れて船を出すことができない。しかしこの星団が天に昇るようになるとようやく春が到来して航海の季節が始まるため、「航海する」という意味の語がプレイアデスと結びつけられたのである。

星の伝説では七人姉妹のプレイアデスは、天空を支える巨人アトラスの娘たちで、七人にはそれぞれ名前がついている。そのうちの一人はマイアで、ゼウスと契りを結んで伝令の神ヘルメスを生んだ。また、娘の求婚者に命がけの戦車競走を課すオイノマオス王のことに第四章で触れたが、この王の母親はプレイアデスの一人のステロペである。

昴は七つの星の集まりであるが、肉眼では通常六つの星しか見えない。他の六つよりも光が弱くて見えにくい星は、メロペと名づけられている。他の姉妹がすべて神と交わったにもかかわらず、自分だけが人間と結婚したことをメロペは恥じているので光が弱くなったという。そのメロペの夫についてはすでに第三章で述べた。巨大な岩を永遠に押し上げ続けている狡猾《こうかつ》なシシュポスである。

オリオン座

プレイアデスのすぐそばには、まるでこの七人姉妹を追うかのようにオリオン座が輝いている。伝説では、狩人のオリオンが彼女たちに恋い焦がれて追い続けたので、プレイアデスはゼウスに嘆願して星に変えてもらったが、星になってからもあいかわらず天空でオリオンに追われているという。

さてそのオリオン座は冬の代表的な星座で、非常に見つけやすい。まず、晴れた南の空を見ると、きれいに三つ並んでいる二等星が簡単に見つかる。そのまわりを、二つの一等星と二つの二等星からなる大きな平行四辺形が取り囲んでいる。これら四つの星が狩人オリオンの両肩と両足である。向かって左の上に輝いている大きな一等星のベテルギウスがオリオンの右肩であり、向かって右の下でまたたいている一等星のリゲルがオリオンの左足である。そして巨大な平行四辺形の中心部分でやや右上がりに整然と並んでいる三つの二等星、つまりオリオン座を見つけるときに最初の目印にしたものは、この狩人のベルトである。オリオンは右手で棍棒を振り上げ、左手にライオンの皮をかけた姿でイメージされた。

オリオンはハンサムな狩人で、海神ポセイドンの子として古くから知られていた。オリオンが文献に最初に登場するのは『オデュッセイア』である。その第一一歌でもオリオンは、手に棍棒を持ち、山中で野獣たちを狩り集める姿で描かれる。また、曙の女神エオスがオリオンに恋をしたが、女神が人間を愛することは禁じられていたため、彼は最終的に女神アルテミスの矢で射られて死んだと、『オデュッセイア』第五歌は語る。しかし古代の注釈が伝える話はそれとは異なる。古注によると、純潔の女神アルテミスはオリオンにあやうく襲われかけたため、彼を強力な毒を持つサソリで殺した。このサソリが天に昇って蠍座になったという。

蠍座については、これとは違う物語に先ほど触れた。つまり、猟師のオリオンがあまりにも猛烈な勢いで狩りをしたため、動物の絶滅を危惧《きぐ》した大地ガイアがサソリを遣わし、そのサソリがオリオンを倒して星座になったのだと、蠍座の項で述べた。オリオンの死という同じ事柄であるのに、誅罰《ちゅうばつ》を下したのがガイアであったりアルテミスであったりと、まったく辻褄《つじつま》が合わない。けれどもこのようにいくつもの異なる話がしばしば並存しているのがギリシアの神話伝説の常態である。

オリオン座のすぐそばには、大犬座がある。この星座は狩人オリオンの猟犬と見なされている。犬の首にあたる位置で光っている一等星はシリウスである。この青白い星は、中国では天のオオカミの星として「天狼星《てんろうせい》」と、日本では「あおぼし」と呼ばれる。そしてギリシアでは「燃えている、輝いている」という意味のセイリオス（seirios）と呼ばれ、ラテン語に入ってシリウス（sirius）となった。その名のとおり、灼熱をもたらす星と考えられ、これが空にかかっているのは不吉な印として畏怖の念とともに眺められた。オリオンのそばには大犬座のほか、一等星のプロキオンを含む小犬座もある。オリオン座のベテルギウスと大犬座のシリウスと小犬座のプロキオンは、「冬の大三角形」を形成する。

カシオペア座・大熊座

晩秋から冬にかけての夜空は冴えわたり、オリオンのほかにも見つけやすい星座がある。見た者を石に変える怪物メドゥサの物語（第五章参照）に関係するいくつかの星座が、初冬の北の空を飾っている。いずれも、ペルセウスがメドゥサを討ち取った後に故郷に戻る途中で起こった事件に基づく星座である。

ペルセウスは帰国途上で、美しい娘が海中の岩につながれているのを発見した。エチオピアの王女アンドロメダである。王女が岩につながれた原因は、彼女の母親カシオペアにあった。王妃カシオペアは、海の娘たちよりも自分のほうが美しいと自慢し、このことが海の娘たちの父ポセイドンの怒りを招いたのである。ポセイドンは罰として大津波を起こし、領土を荒らしまわる巨大な海の怪物を送りこんだ。エチオピアの王ケペウスは途方にくれて神託を仰ぐ。すると、娘を海中の岩に鎖でつないで海の怪物の餌食として差し出さなければ、海

《アンドロメダを救い出すペルセウス》ピエロ・ディ・コジモ、1515年頃（フィレンツェ、ウフィツィ美術館蔵）

神の怒りは鎮まらないというお告げが下った。神意に従って海中につながれた王女アンドロメダが恐怖に震えていたとき、運よくペルセウスが通りかかり、危機一髪のところで王女を海の化け物から救い出した。近づいてきた怪物にペルセウスがメドゥサの生首を見せると、海の化け物はたちまち石に変じた。これが天に昇って、鯨座になったという。

図では、これら一連のドラマが時系列に沿って左から右へと描かれている。画面の左側は悲しみの場面で、その前方では人々が王女の犠牲を嘆き、後方では生贄の王女がつながれている。画面の右上からペルセウスが飛来し、中央で怪獣と格闘している。そして、その後、救出されたアンドロメダと英雄ペルセウスの婚礼を祝う喜びの場面が、画面の右側前景に描かれている。

この出来事がアンドロメダ座、ペルセウス座、そしてカシオペア座の背景となった。アンドロメダ座は同じ名を冠する大星雲とは別で、ほぼ一直線に並ぶ三つの星が、鎖でつながれて立つ王女の姿を表わしている。アンドロメダ座のすぐそばには、大きな四角形のペガソス座がある。この星座の形が四角いのは、天馬ペガソスが翼を広げながらさかさまに飛んでいる姿に見立てられているためである。

愚かな自慢によって大きな災いを招いた王妃カシオペアも、五つの星がW字形に見える星座になった。このカシオペア座のすぐ近くには、彼女の夫のケペウス座やペルセウス座もある。大きくゆるやかな弓を描くような形をしているペルセウス座は、左手にメドゥサの首を持ち、右手で剣を振り上げた英雄の姿を示している。

カシオペア座は、王妃が椅子に腰かけた形で一日に一回北極星のまわりを回り、ひと晩じゅう空で輝いている。この現象は彼女の傲慢さに対する刑罰と見なされた。ギリシア人の考えでは、星が空から一時的に消えて見えなくなるのは、オケアノス（大洋）に沈んでひと休みしているからであり、北極星の近くにある星は神罰によって休息が与えられないために夜間ずっと空に出ているのであった。

春の代表的な星座の大熊座についても、同じような説明がなされた。大熊座は、クマの腹から尾にかけての部分に北斗七星を含み、北極星のすぐそばにある。序章で触れたように、

《エンデュミオンの眠り》ジロデ＝トリオゾン、1791年（パリ、ルーヴル美術館蔵）

クマに変じたカリストとその息子アルカスが大熊座と牛飼い座の星アルクトゥロスに変じた。この親子の星が北極星の近くに置かれたのは、ゼウスの妃ヘラの嫉妬による。ヘラは恋敵とその子どもが栄えある天上の星になることをねたんで、彼らに休息を与えないために、これらの星を北極星のそばに配したのである。

エンデュミオン

これまで主な星座の伝説を述べてきたが、天空を飾るのは星だけではない。農業や航海の重要な目印は星辰の位置や動きであったが、満天の星と同じくらい、あるいはそれ以上に日々の暮らしに密着していたのは太陽と月である。

ギリシアでは、太陽神ヘリオスと月の女神セレネ、そして曙の女神エオスの物語もいくつか発達したが、紙幅の関係上割愛し、最後に幻想的な絵（図）をご覧いただきたい。美少年エンデュミオンへの月の女神の恋を描いたこの絵では、セレネの存在は月光によって暗示されている。月の女神はハンサムな羊飼いのエンデュミオンが眠っている姿のあまりの美しさに恋をして、夜な夜な訪れては彼のそばに身を横たえた。エンデュミオンは永遠の若さを保ったまま眠り続けた。というのは、月の女神が恋人いとしさのあまり、毎晩空に出現すべき任務を怠ったため、ゼウスが罰としてエンデュミオンに永久の眠りを与えたからである。あるいは、恋人に永遠の若さを与えてほしいというセレネの願いをゼウスが聞き届け、エンデュミオンは老いることなく眠り続けているのだともいわれる。

さて、これほどにもたくさんの神話に彩られた空。眺めているだけで、人間の喜怒哀楽は果てしない宇宙の神秘と悠久の時の流れのなかに吸いこまれていく。さあ、今夜はゆっくり星を見ることにしよう。なにか新しい、そして楽しい発見に出会えることを祈りながら。

第七章　トロイア伝説

《トロイの木馬の行進》ティエポロ、1773年頃（ロンドン、ナショナル・ギャラリー蔵）

「トロイの木馬」

コンピュータと神話は縁がなさそうに見えるが、ここ数年、ギリシア神話にちなんだ名の不正プログラムが問題になっている。それは「トロイの木馬」である。このプログラムは無害を装ってやすやすとコンピュータに入りこむ。だが、「トロイの木馬」はいったんインストールされると、コンピュータ内部のデータを消し、ファイルを外部に流出させ、システム全体を破壊し、他のコンピュータまで攻撃する。このように危険なプログラムが「トロイの木馬」と命名されたのは、正体を偽って巧みに侵入して甚大な被害を与える点が、ギリシア神話に登場する巨大な木馬とよく似ているためであろう。

「トロイの木馬」のエピソードの概略を念のために記しておこう。小アジア西端のトロイア（英語でトロイ）とギリシアの間に戦争が起こり、膠着状態が一〇年も続いた。トロイアの守り手ヘクトルもギリシア随一の勇士アキレウスも戦場に散った後、ギリシア軍は巨大な木馬を作ってトロイアの城門の外に置く。外見からはまったくわからないが、その中には大勢の兵士たちが潜んでいた。謎めいた木馬の処置をめぐって賛否両論が起こったが、本章の扉絵のように、結局トロイア人は城内に木馬を引き入れ、戦勝の祝杯に酔う。その夜も更けた頃、木馬の胴体に隠れていたギリシア軍が突如として襲いかかり、火を放つ。かくして、さしもの難攻不落を誇ったトロイアもあえなく落城する。

木馬のシーンは、ブラッド・ピット主演の映画『トロイ』(二〇〇四年)でもハイライトの一つになっている。この映画のパンフレットによると、これは『イリアス』の史上初の映画作品であり、映像化にあたっては『オデュッセイア』などに由来する別の要素も盛りこんだと監督のウォルフガング・ペーターゼンは語っている。その言葉どおり、たしかに、この映画は『イリアス』を忠実に再現したものではない。

たとえば映画『トロイ』では、アキレウスが心を寄せるブリセイスは、トロイア王女でアポロンの巫女である。しかしギリシアの伝説では、ブリセイスはトロイア人ではなく、神に仕える身でもない。変更が施されているのは人物設定だけではなく、映画と原作には、その他の点でも違いが見られる。実際、映像には『イリアス』にない場面も多く、「トロイの木馬」こそ、まさしく原作で語られない逸話なのである。

巨大な木馬の話は『イリアス』にではなく、『オデュッセイア』に現れる。しかしながら、エピソード全体が『オデュッセイア』の詩人によって地の文で直接、詳しく叙述されるわけではない。第四歌と第一一歌では、登場人物の思い出話という間接的な形で木馬について簡潔に言及され、第八歌でも、主人公のリクエストに応じて詩中の吟遊詩人がそのさわりの部分を歌うという体裁をとって簡単に紹介される。いずれにせよ、木馬の計略に関する逸話は『オデュッセイア』でも、間接的かつ部分的に披露されるにすぎない。

では、木馬をめぐるエピソードの全容がどこで直接的に詳述されたかというと、すでに散逸していて今はもう読むことができない二篇の叙事詩で語られていた。すなわち、木馬の考案と建造は『小イリアス』で、奇襲攻撃の遂行は『イリオスの陥落』で伝えられていたのである。『イリオスの陥落』や『小イリアス』という題名を聞いたことがないという方はおそらく多いであろうし、これらの作品は「叙事詩の環《わ》」に属しているので、次にあらためて述べることにしよう。

叙事詩の環

「叙事詩の環」とは、いくつかの伝説圏に属する叙事詩グループの総称である。複数の伝説圏のうちで最も代表的なものがトロイア圏であり、トロイア圏の叙事詩の環には六篇の叙事詩が含まれ、それらはトロイア戦争に関する一連のさまざまな伝説を扱っていた。トロイア圏のほかにも、別の伝説圏も存在した。たとえば、オイディプスの物語のようにテーバイを舞台とするいくつかの伝説を題材とする複数の叙事詩は、テーバイ圏の叙事詩の環を構成していた。

トロイア伝説の全体像は、トロイア圏の叙事詩の環の六篇の叙事詩に、『イリアス』と『オデュッセイア』を加えた合計八篇の作品によって明らかになる。それらのうちで現在も残っているのは『イリアス』と『オデュッセイア』だけであるが、『イリアス』に木馬のエピソードが出てこないことからもわかるように、二大叙事詩篇で扱われるのはトロイア伝説の一部分にすぎない。また『イリアス』でも『オデュッセイア』でも、伝説中の人物の相関関係や錯綜《さくそう》した膨大な逸話が逐一詳述されるようなことはなく、物語は、聴衆や読者が伝説の全貌を了解しているという前提で語られる。つまり、主題の展開上さしあたって直接語る必要のない逸話は、反復や想起、予示、照応などの技法によって、全体を部分に収斂《しゅうれん》させるような形で叙述されるのである。

このような手法は、トロイア伝説の周知を暗黙の前提として初めて可能になる。したがって、複雑で入り組んだ伝説の全容を熟知していた古代人とは異なり、現代に生きるわたしたちには、ホメロスの二大叙事詩からただちにすべてを理解するのは難しい。そこで、トロイア戦争の前史と攻防戦と戦後史の細部を補い、伝説の全貌を知るうえで貴重な情報源になるのが、叙事詩の環である。

トロイア圏の叙事詩の環に属する作品を主題の年代順に並べると、『キュプリア』、『アイティオピス』、『小イリアス』、『イリオスの陥落』、『帰国物語』、『テレゴニア』となる。『イリアス』で語られる事件は、最初から二番目つまり『キュプリア』の内容の次に起こり、『オデュッセイア』で展開される出来事は、最後から二番目つまり『テレゴニア』の内容の前に起こる。作者については、全八篇の叙事詩のすべてがホメロスの手になると古代には見なされていた。しかし現代では、叙事詩の環の六篇はそれぞれ別々の作者によってまとめられたと考えられている。『イリアス』と『オデュッセイア』についても、一般には両篇ともホメロス作とされる（本書も便宜的にこの立場に従った）が、各篇の作者を別人と考える研究者も少なくない。

現在は、叙事詩の環に含まれる作品はどれも断片で残っているにすぎない。しかしそのあら筋のまとめ（梗概《こうがい》）が、かろうじて今日まで伝えられている。すなわちこれらの作品のあらましは、まず後二世紀のプロクロスという人物によって『文学便覧』にまとめられた。次にそれを基にして、九世紀のビザンツの聖職者で古典に造詣《ぞうけい》の深いポティオスが抜萃《ばっすい》と編集を行なった。しかしながら、プロクロスの『文学便覧』も今はすでになく、ポティオスの抜萃が伝存しているおかげで、わたしたちはトロイア伝説内部の多くのエピソードに関する知識を補うことができるのである。

トロイア伝説の概略

ここでトロイア伝説の概略を手短に紹介しておこう。まず叙事詩の環の劈頭《へきとう》を飾る『キュプリア』では、戦争前史から遠征隊のトロイアでの布陣までが語られる。トロイア王子パリスがヘレネを連れ去ったため、スパルタ王メネラオスは、妻の奪還を目指し、兄のミュケナイ王アガメムノンを総帥として遠征軍を結成する。そして、ギリシアの英雄たちはトロイアに赴き、城壁の周囲に陣を敷く。

次に『イリアス』はトロイアでの戦闘を扱い、遠征一〇年目の五〇日ほどの間のさまざまな出来事を、アキレウスの怒りを主題に描く。アガメムノンに名誉を傷つけられたアキレウスが憤怒のあまり戦線を離脱したことから、ギリシア軍は劣勢に陥る。自軍の窮状を見かねたパトロクロスが親友アキレウスの武具を身にまとって出撃したが、トロイアの守り手ヘクトルに討たれる。アキレウスは愛する友の死を深く嘆き、復讐のためにふたたび武器を手に取る。一騎打ちで勝利をおさめたアキレウスは、ヘクトルの亡骸に凌辱を加える。ヘクトルの父プリアモスは耐えかねて、ひそかにアキレウスを訪れ、息子の遺体の返還を嘆願する。そしてヘクトルの葬儀の場面で『イリアス』は終わる。

その後、『アイティオピス』が戦地でのさらなる攻防を語る。この題名は、エチオピア（ギリシア語でアイティオピア）の王メムノンが援軍としてトロイアに駆けつけたことに由来する。この作品ではアキレウスの死も語られ、彼の葬礼やその遺品をめぐる内紛なども記されていた。これに続く『小イリアス』はこの内紛の悲劇的な結末を伝えるとともに、アテナ女神の指示による木馬の建造を語る。

《ラオコーン》ハゲサンドロス、ポリュドロス、アテノドロス、前2－前1世紀
（ローマ、ヴァティカン美術館蔵）

これに続いて『イリオスの陥落』が、木馬による奇襲攻撃とトロイアの滅亡を伝える。イリオスはトロイアの別名である。図の有名な彫刻『ラオコーン』はこの作品の一場面を描く。トロイアの神官ラオコーンは謎の木馬が敵の謀略であることを見抜き、これを破棄すべしと警告する。しかし突然、二匹の大蛇が海から現れ、ラオコーンと二人の息子たちを襲った。『イリオスの陥落』ではこのほかに、落城の際に女神アテナの像にすがるトロイア王女カッサンドラにギリシア方の英雄の小アイアスが乱暴を働いたことも語られる。ギリシア軍は彼に極刑を科すことを決定したが、彼はアテナの祭壇に逃れたため、処罰をまぬがれた。この一件は、やがてギリシア軍の帰還に決定的な影響を及ぼすことになる。

『帰国物語』は遠征軍の故郷への旅を伝えているが、先述の暴行事件の影響で帰還は困難なものになる。というのは、神殿に逃げこんで神像や祭壇に手をかけ、神に助けを求める嘆願者に暴行を加えることは、神への冒瀆と見なされたからである。神像にすがる王女を傷つけた小アイアスはアテナ女神の怒りを招き、海の藻屑《もくず》と消えた。アテナの神罰は、結果的に彼の処罰を怠ったギリシア軍にも及び、英雄たちの帰国の旅は順調には運ばなくなった。

『オデュッセイア』の主人公オデュッセウスも、苦難に満ちた漂流を余儀なくされる。オデュッセウスの彷徨と、故郷で大勢の求婚者たちに再婚を迫られる妻ペネロペの苦悩と、父の消息を求めて旅に出る息子テレマコスの成長という三つの筋が絡み合いながら、物語は展開する。そしてオデュッセウスは最後には念願の帰国を遂げ、求婚者たちを成敗して、妻ペネロペとの再会を果たす。

叙事詩の環を締めくくるのは、『テレゴニア』である。この題名は、オデュッセウスと女神キルケとの間に生まれた息子のテレゴノスに由来する。この叙事詩では、テレゴノスが誤って父を殺害する経緯が語られていた。

ゼウスの意思と人間の自由

トロイア戦争の発端は、『キュプリア』によれば、ゼウスの意図によるものであった。すなわち、人間があまりにも増えすぎたためにガイア（大地）はその重みに苦しみ、しかもその人間たちは神々を敬わない不遜な人々であった。ガイアがこの重荷から解放してほしいと願い出ると、ゼウスは大規模な戦争を起こして人間を滅ぼそうと考え、まず二度にわたるテーバイの戦争を起こし、次に第二次人類滅亡計画としてトロイア戦争を画策した。つまり、ペレウスとテティスの婚礼からパリスの審判（第二章参照）までの出来事はすべて、ゼウスの思惑によって引き起こされたのである。

『イリアス』の冒頭にある「ゼウスの意思はなし遂げられた」という一節と『キュプリア』を併せ読むと、この世界のすべてのことは最高神の意思によって遂行されているかのように見える。もしそうだとすれば、世界はゼウスの采配の下にあり、人間は神の定めた運命に翻《ほん》弄《ろう》される無力な存在にすぎない。

しかし、神意という、目に見えない強力な枠組みのなかにありながらも、『イリアス』の登場人物たちは自らの意志で行動を選択し、その責任を負う。たとえば、アキレウスは自分の将来について、ある予言を聞いていた。その予言の内容は、もし彼がトロイアで戦えば短命に終わる、だが参戦しなければ長寿をまっとうするだろうというものであった。アキレウスは二者択一の運命を知りながら、親友の命を奪った敵に復讐するために、文字どおり生命を賭けて闘うことを選んだ。不死なる神々とは異なり、人間は死の定めを逃れえない。しかし人間にとっていかに大きな制約があろうとも、そして残された自由がどんなにわずかであろうとも、そのなかで自分自身の生を選び、その生を真摯《しんし》に精一杯生きる人の姿が『イリアス』には描かれている。全篇に溢れる、人間の限界へのあたたかい眼差し。この叙事詩の魅力はまさにそこにある。

トロイア戦争と歴史

ところで、トロイア伝説の核となるトロイア攻略は歴史上実際に起こった事件なのであろうか。それとも、単なる空想にすぎないのであろうか。史実と神話の関係に少し目を向けてみることにしよう。古代ギリシア人自身は、この戦争が自分たちの遠い祖先に現実に起こったことだと信じていた。その年代についても、古代の歴史家たちはほぼ一致して前一三世紀末頃と想定していた。しかしルネサンス時代にギリシア・ローマの古典が復活してからは、トロイア伝説はただの作り話であるという見方がずっと主流を占めるようになった。

一八七〇年代になって画期的な大発見がなされ、人々の認識は一変する。トロイアを発掘したハインリッヒ・シュリーマン(一八二二―九〇)の方法はさまざまな批判を浴びもしたが、その後、考古学が発達し、綿密な再発掘や遺跡調査が科学的に行なわれた結果、トロイア伝説の核となる戦争が歴史上実際にあったのではないかと推測できる根拠が現れたのである。シュリーマンが発見したのは「第二市」と呼ばれる前三〇〇〇年頃の地層であり、トロイア伝説が形成される基盤となった時代よりも前のものであることが判明した。しかし前一二五〇〇年頃の地層、つまり対トロイア戦が遂行されたと古代の人々が信じていた年代に近い地層は、「第七市A」と呼ばれ、そこには火災による滅亡の跡が認められる。地層に残る火災の痕跡の意味は、まだ決定的には解明されていない。大地震に伴って起こった火事の可能性ももちろん否定できない。しかしながら、火災を人為的な暴力による破壊活動の爪痕と見る解釈も有力であり、トロイア伝説の核を形成する戦争が実際に行なわれたという仮説をくつがえすような確たる証拠もない。

伝説誕生の母胎となった攻防戦が史実であったとすれば、規模はともかくとして、その勃《ぼっ》発《ぱつ》の原因は何だったのだろうか。この問題についても、さまざまな説が唱えられている。たとえば、ギリシアと小アジアの間に横たわるエーゲ海の制海権をめぐって争いが起こり、それがトロイア遠征に発展したのではないかという主張もある。

別の説によると、ダーダネルス海峡の通行に税を徴収していたトロイアに対して、ギリシアが通行税の撤廃を求めて戦端を開いたという。この主張の根拠は、トロイア戦争の年代が後期青銅器時代に属することと関連する。当時の農耕具や道具類、武器などは、青銅で作られていた。純粋な銅は曲がりやすいために錫《すず》を混ぜて加工し、より強靭《きょうじん》な青銅にする。しかしギリシアには錫の鉱脈はなく、錫を入手するためにはダーダネルス海峡を通行して黒海沿岸まで出かけなければならない。そこでギリシアはこの海上交通の要衝を掌握していたトロイアを制圧しようとしたと推測されている。

さらにまた環境考古学の知見によれば、トロイア戦争は森林資源争奪戦であったという。ギリシアは今は木々の緑に乏しいが、先史時代には樹木が豊かであった。しかしすでに古代の段階で、経済発展と人口増大によって森の破壊が進み、森林資源は枯渇していた。一方、木材は船舶建造の資材として必要であったばかりではなく、青銅の精錬や陶器の製造、調理、暖房などの燃料としても不可欠であった。そこでギリシアの軍勢は木材を求めて海を渡り、豊かな森に恵まれたトロイアを襲撃したのだと説明されている。

戦争原因の神話的説明

歴史を離れて、伝説の世界に戻ることにしよう。開戦の原因を、伝説はヘレネの出奔に求める。この出来事が一王族の家庭内紛争にとどまらず、ギリシア全体を巻きこむ遠征に発展したのは、次のような事情があったからだとアポロドロスの『ギリシア神話』は説明する。すなわち、ヘレネが年頃になると、その美貌の評判はギリシア全土に広がった。うわさを聞いた若者たちがヘレネとの結婚を求めてあまりにも大勢押し寄せたため、彼女の父親は心配した。もし求婚者のなかからただ一人を選べば、争いが生じるのではないかと。そこで、求婚者の一人であったオデュッセウスが妙案を編み出し、皆がそれに賛同した。つまり、ヘレネ自身が求婚者のなかから結婚相手を選び出し、もし将来ヘレネと配偶者に何か問題が生じた場合には、求婚者たち全員が彼らを援助することを誓ったのである。

第三章で述べたように、ギリシア世界では誓約は神聖視されていた。したがって、異国の男がヘレネを掠奪するという非常事態が現に起こったとき、夫のメネラオスはこの誓約を盾に、妻の奪回をかつての求婚者たちに要請した。そして多くの英雄たちがこの誓約を遵守して、ヘレネ奪還のために集まったのである。

神話はこのような形で辻褄合わせを試みる。伝説というものが結局のところ単なる虚構にすぎないとしても、それでもやはり開戦の理由は腑《ふ》に落ちない。人妻とはいえ、たった一人の女性の行動が未曾有《みぞう》の大戦争に発展するはずなどないと、おそらく誰もが思うだろう。ヘレネの失踪《しっそう》と求婚者たちの誓約という神話的説明に納得しないのは、なにも現代人ばかりではない。その不合理性は、早くも前五世紀には批判の対象になっていた。歴史家ヘロドトスは、女の掠奪に対して報復しようと本気で試みるのは愚かなことであり、奪われた女のことなどはまったく顧みないのが賢明な態度であるというコメントを残している。神話がまだ発展途上にあった時代を生きた人物にとってすら、伝説の説く開戦理由は不自然に映ったのである。

戦争と家父長制

戦争の本当の原因は何なのかを考えるために、ここで少し視点を変えて、トロイア伝説をジェンダー（社会的・文化的性別）の角度から眺めることにしよう。ジェンダーの視角から神話伝説を読み解く方法は一九八〇年代前後から始まり、現在、欧米では神話解釈の方法論として市民権を得ている。ギリシア神話の魅力は多様な解釈を包含する点にあるが、さまざまな解釈の一つの例として、以下では、家父長制を視野に入れながらこの伝説を読んでみることにする。

いかなる戦争であれ、その原因は決して単純ではない。しかし、戦争という暴力と他者排除を生み出す論理は、間違いなく、その社会のあり方と深く関わっている。そして近代の小説にも当てはまることだが、物語というものは、たとえフィクションであろうとも、その成立基盤とまったく無関係に紡ぎ出されるわけではない。古代の神話伝説も、それを産出する社会そのものを如実に映し出す。そうであるとすれば、トロイア伝説を、戦争を媒介に古代ギリシア社会を映す鏡としてとらえることもできるであろう。

まず、オリュンポスの神々の世界が擬似的な家父長制に基づいているように、古代ギリシアの社会は典型的な家父長制社会であり、オイコスと呼ばれる「家」の制度によって支えられていた。この制度のもとでは家長の権力が大きく、男性の領域と女性の領域があらゆる点ではっきりと分けられていた。

家父長制の発展段階によって事情は異なるが、古典期には特に、労働の内容や活動の場が性別によって明確に区分されていた。政治や裁判などの公的領域は男性に限定され、女性には家庭という私的領域が割り当てられた。そして居住空間ですら、男性部屋と女性部屋に分断されていた。女性は家にとどまり、原則として祭礼のときにだけ外出が許された。第四章で述べたように、オリュンピア競技会の出場選手と観客は男性に限定されていた。悲劇や喜劇についても事情は同じで、演劇が男性の俳優によってのみ演じられたことはよく知られている。その観客席に女性たちが座っていたかどうかについては、研究者たちの議論はいまだ決着を見ていないが、女性が屋外や公の場に姿を現すことに対する感覚は、今とはまったく違っていたのである。

家父長制を支える基盤は性別役割分業にある。人間社会が存続していくためには、二種類の生産が不可欠である。すなわち、個体の生命を維持する生活物資の産出と、未来につながる次世代の生命の再生産である。この二種類の生産のうちいずれか一方が欠けても、社会の存続は危機に瀕する。そういう意味では、生活物資の生産と生命の再生産は相互補完的であり、同等な価値を担っている。しかし、この二種類の生産を差異化することによって社会を維持する家父長制は、生活物資の生産の担い手には高い価値を、そして生命の再生産の担い手には低い評価を与える。

さらに、この優劣や上下関係は生産以外の領域にも拡大され、肉体と精神のすべての面に増幅される。つまり家父長制は出産機能の有無という生物学的差異に社会的・文化的な意味を付加し、ジェンダーを形成するのである。そして性別に基づく差異は活動領域や居住空間だけではなく、行動規範や価値観にも及ぶ。たとえば、勇気（andreia）という言葉は、「男、勇士、夫」などを指すanerの語幹のandr-に由来し、男らしさと同義であり、実質的には戦場における勇猛果敢を意味していた。これに対して、女性の美徳は沈黙や性的節操に求められた。

ジェンダー意識は、言語や図像などのさまざまな媒体を通して内面化と定着が図られる。そして神話の言説も、そのような媒体の一つであった。

神話に刻印された家父長制

以上のような家父長制とジェンダーと神話伝説の関係性を頭の片隅においてトロイア伝説を読んでみると、伝説の説く戦争の原因のメッセージが少し見えてくる。それを読み解く前に、図をご覧いただきたい。トロイアの城門にたたずむのっぺらぼうの美女と陥落直後にくすぶる煙とは、戦争の発端と結末を象徴している。

《スカイア門のヘレネ》モロー、1880年頃（パリ、ギュスターヴ・モロー美術館蔵）

ヘレネとパリスの恋は、映画『トロイ』では過度に強調されている。けれども『イリアス』の語り口は曖昧で、ヘレネがパリスへの愛から自発的に彼に従ったのか、パリスが無理やりヘレネを連れ去ったのかは明確ではなく、ヘレネ自身の意向よりもむしろ女神アプロディテの介入が大きな役割を演じる。神的関与はともかく、人間の行動という水準では、ヘレネの動機は深い謎に包まれている。けれどもヘレネの両義的な曖昧さは、ジェンダーの視点から見ると、家父長制の価値観を体現するものと解釈できる。

もしヘレネが意に反してパリスによって強奪されたのであるとすれば、トロイア戦争は鮮やかに合理化される。『イリアス』も『キュプリア』も、パリスはヘレネだけではなくスパルタの財宝も奪い去ったと述べている。しかし、奪われた財産を取り返すという名目が総力戦を正当化する根拠として薄弱すぎることは、誰の目にも明らかである。一方、人妻の掠奪は一夫一婦制という家父長制的結婚制度を根底から揺るがす秩序侵犯行為である。したがって、ヘレネの奪回という目的は、社会秩序の侵犯に対する懲罰という倫理的正当性をこの遠征に賦与し、トロイア戦争は聖戦と化す。戦端を開く口実として、盗まれた財宝よりも一人の女性が強調されるのは、家父長制社会の理念と無縁ではない。

他方、ヘレネがパリスへの愛ゆえに自発的にトロイアに向かったのであるとすれば、彼女の行動は、女性に対する家父長制的偏見を助長することになる。喜劇では、女性は官能の快楽に対して無節操であるというステレオタイプ的な表現がしばしば揶揄嘲笑《やゆちようしよう》の的であった。女は性的欲望を抑制することができないという偏見が、特に古典期には社会通念となっていた。家父長制では、父系を確実なものにするために、女性の性行動を男性の管理下に置くことが重視される。ヘレネが愛のために進んで夫を捨て、そのために戦争が起こったのだとすれば、女性の性的無軌道は父系相続を危うくするばかりではなく、多くの人間を破滅に導く危険性をもはらむのだというメッセージを伝説は内包することになる。それによって、女性の性行動を厳格に管理しなければならないという支配者側の信念は補強されるのである。

神話のこのような読み方に対しては、恣意《しい》的だという批判もあるだろう。しかし、前六世紀の詩人サッポーの詩を読むと、伝説に含まれる暗黙のメッセージを感じとっていた女性が古代にもいたのだと思わずにはいられない。プラトンが一〇番目のムーサと呼んだサッポーは、透徹した感性に素直に向きあい、因習や規範にとらわれない価値観を直截に謳《うた》いあげた。愛という行動原理への共感を雄弁に物語るのが、次に引用する断片（fr. 16 Lobel-Page）である。

ある人は馬並《な》める騎兵が、ある人は歩兵の隊列が、
またある人は隊伍組む軍船《ふね》こそが、このかぐろい地上で
こよなくも美しいものだと言う。でも、わたしは言おう、
人が愛するものこそが、こよなくも美しいのだと。

このことわりを万人にさとらせるのは、
いともたやすいこと。げにその美しさで
世のなべての人々に立ちまさったヘレネーとても、
いともすぐれた良人《おっと》を捨てて

船に身をゆだね、トロイアへと去ったことゆえに、
わが子をも、恩愛のほど浅からぬ両親《ふたおや》をも

露ほども想うことなしに。［キュプリスさまが］まどわせて
かのひとを誘《いざの》うていったのだ。

（沓掛良彦訳）

（以下、引用省略）

ペネロペの機織りと貞節

家父長制の論理と伝説との結合は、ヘレネだけではなく、オデュッセウスの妻ペネロペにも認められる。彼女は、生死さえ定かでない夫を二〇年も待ち続けていた。その間、一〇〇名を超える若者たちが彼女に結婚を迫り、毎日館を訪れる。訪問客がいかなる者であれ、歓待することが神の御心にかなう礼儀とされる社会のなかでは、招かざる客といえども無下に追い払うことはできない。

そこでペネロペは一計を案じ、機織りを用いて求婚者たちを欺く。すなわち、オデュッセウスの父ラエルテスのために棺衣を織りあげたあかつきには必ず再婚相手を選ぶと、彼女は求婚者たちに告げたのである。そして昼間は機織りに精を出し、夜になるとこっそりそれをほどくことによって、守るつもりのない約束の履行を引き延ばしていた（図参照）。

《オデュッセウスの帰還》ピントゥリッキオ、1509年頃（ロンドン、ナショナル・ギャラリー蔵）**画面中央は旅から戻って母に挨拶するテレマコス。オデュッセウスは右の戸口に描かれている**

再婚を拒むために策略を使い、夫に貞操を捧げたペネロペは、古代より婦徳の鑑《かがみ》と見られてきた。

貞節と、それを守るための計略である機織りとの結びつきは、単なる偶然ではない。糸紡ぎや機織りなどは、女性の空間とされた家庭内で行なわれる仕事であり、同時にそれは、勤勉や沈黙、従順、純潔といった家父長制社会が特に女性に強く求める徳目の涵養《かんよう》に役立つ作業でもあった。そのため、糸紡ぎや機織りは、古代だけではなく近代に至るまで、女性の従属の象徴になっていた。ペネロペの機織りの計略には、家父長制の下での女性の活動領域と価値観を表わすシンボルがみごとに合体しているのである。

ペネロペがまさにその好例であるが、家父長制倫理の理想像にはプラス・イメージの神話的言説が与えられる。『オデュッセイア』第一一歌でアガメムノンの亡霊は、ペネロペは聡明で思慮深く分別があると絶賛し、さらに第二四歌でも、次のようにほめそやす。

オデュッセウスよ、そなたは仕合せな男であった。実に見事な婦徳を具えた妻を、そなたは持ったのだからな。（中略）非の打ちようもないペネロペイアの心ばえの、何と見事なものであったことか。また何と誠実に、嫁いだ夫オデュッセウスのことを忘れずにおったことか。さればその貞節の誉れは決して滅びることはなく、神々は貞女ペネロペイアを称える美しい歌を、広く世の人々のために作って下さることであろう。

『オデュッセイア』におけるクリュタイムネストラ

他方、ペネロペとは正反対の行動をとったクリュタイムネストラに対して、神話はマイナス・イメージを刻む。クリュタイムネストラはミュケナイの王妃で、トロイア遠征の総大将アガメムノンの妻である。家父長制の強化とともに、その負の刻印はより深く鮮やかになっていく。このことは、クリュタイムネストラ像が時代の変遷につれてどのように変容したかを見るとよくわかる。

そこでまず、『オデュッセイア』におけるクリュタイムネストラについて検討しておこう。

すでに多くの研究者によって指摘されていることであるが、この叙事詩には、作品全体を貫く基本的枠組みとして、次のような対比的な関係が明らかに存在する。ミュケナイの王アガメムノンの一家は、良きにつけ悪しきにつけ、イタカの領主オデュッセウスの一家にとってつねにその先例となっている。

〔夫〕	アガメムノン	⟷	オデュッセウス
〔妻〕	クリュタイムネストラ	⟷	ペネロペ
〔息子〕	オレステス	⟷	テレマコス
〔妨害者〕	アイギストス	⟷	求婚者たち

遠征隊のうちで最初に帰還したアガメムノンは、帰国直後に妻とその愛人アイギストスによって殺された。無惨な最期を遂げたアガメムノンは、トロイアからの最後の帰郷者オデュッセウスにとって、踏んではならない轍《わだち》の役割を果たす。次に、クリュタイムネストラはペネロペに対置される。前者は妨害者と結託したのに対して、後者は妨害者を退けた。不義密通の果てに夫を殺した毒婦と、貞操を守り抜いて夫を迎えた良妻のコントラストは実に鮮やかである。

第三に、アガメムノンの息子オレステスは、父を殺害した犯人である実母クリュタイムネストラとその情夫に復讐し、父の死後八年目にその仇を討った。行方不明の父の消息を求めて旅立ったテレマコスは、旅の先々でこのみごとな仇討ちの話を聞き、奮起を促される。オレステスの行動はテレマコスにとって、見習うべき模範として機能する。

この枠組みから明らかなように、正反対の行動をとった二人の妻たちは家父長制モラルの座標軸における最高点と最低点を表わすものとして神話に登場する。ペネロペのプラス・イメージとは対照的に、テュンダレオスの娘クリュタイムネストラにはマイナス・イメージが刻印される。アガメムノンは、先の引用でペネロペを絶賛した直後にこのようにいう。

それにひきかえ、テュンダレオスの娘は善《よ》からぬことを企み、連れ添う夫を殺した悪女として、忌わしい歌が世間に広まり、世のすべての女たちに——操正しい女にまで、汚名を浴びせることになるであろう。

ミュケナイ王の妃の悪しき名声は、アガメムノンの予言どおり、『オデュッセイア』以降、ますます広まることになる。しかしながら、後世のクリュタイムネストラ像との比較のために、『オデュッセイア』のそれをもう少し詳しく見ておく必要がある。というのは、『オデュッセイア』での彼女に対する評価は、必ずしもアガメムノンの発言のような罵倒ばかりではないからである。

右の引用で明らかなように、アガメムノンはたしかに口を極めてクリュタイムネストラをののしっている。けれども激しい非難は、妻に裏切られた夫が自分の最期の無惨さを、怨念をこめて強調しようとする文脈に限られている。それ以外の文脈では、王の暗殺への王妃の加担は完全に否定されないまでも、情夫アイギストスがもっぱら首謀者として扱われている。そしてそのような箇所では、彼女が共犯者の役割を果たしたという印象はきわめて薄い。

のみならず、『オデュッセイア』にはクリュタイムネストラを擁護する発言さえ認められる。第三歌で長老のネストルは、アガメムノンの暗殺への彼の妻の関与の要因に関して、彼女の性向よりもむしろ、避けがたい運命を重視する。彼の弁によると、王妃はもともとは道理をわきまえた女性であり、アイギストスの積極的な口説きに対しても、最初はそれを拒んでいた。しかしアガメムノンが出征前に館に残していった監視役をアイギストスが無人島に流してしまってから、クリュタイムネストラは「宿命の糸に絡まれて屈服を余儀なくされた」のであり、夫の暗殺に手を染めたのは当人すらそれまで思ってもみなかった大それた業《わざ》であったと、ネストルは彼女を弁護する。

「オレステイア」三部作におけるクリュタイムネストラ

このように『オデュッセイア』には、クリュタイムネストラの罪を軽減するような言辞も見いだされるのであるが、古典期になると、稀代《きたい》の悪女という評判が確立される。この烙印を決定的なものにしたのは、前四五八年上演のアイスキュロスの三部作「オレステイア」、特にその最初の悲劇『アガメムノン』である。

王妃よりもむしろその愛人が主犯であった『オデュッセイア』とは逆に、悲劇『アガメムノン』では、王妃が謀殺の主導的な役割を果たす。クリュタイムネストラは自らの信じる「正義」の執行者として、ゆるぎない確信をもって陰謀を企て、夫への計画的な復讐を着実かつ巧妙に実行する。『オデュッセイア』でペネロペが機織りの計によって夫を救ったのとは対照的に、『アガメムノン』のクライマックスの一つであるカーペット・シーンが示すように、クリュタイムネストラは策略を用いて夫を破滅に導くのである。

『オデュッセイア』に比べると、この悲劇では、殺人犯としてのクリュタイムネストラの比重が格段に増している。それと呼応して、アイギストスの役割はかなり縮小され、彼はこの悲劇の終曲にわずかに顔をのぞかせるにすぎない。合唱隊を相手に空威張りをし、大口をたたく卑怯者として描かれるアイギストスは「めす男」と呼ばれる。ここには、「分別のそなわった男子におとらぬ言葉」を吐く王妃が男まさりの女として描かれるのと同様に、ジェン

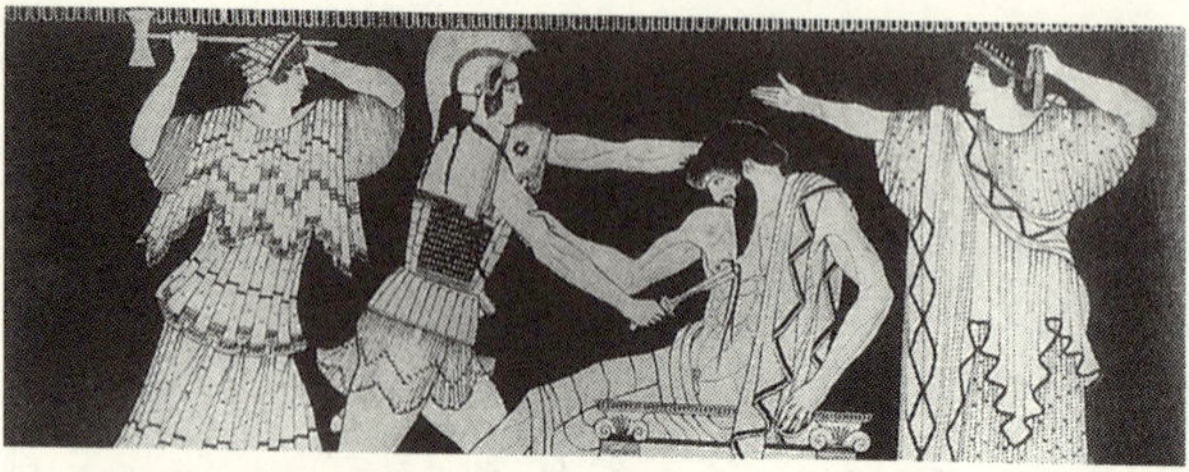

《オレステスによるアイギストスの殺害》前470年頃（ベルリン、古代蒐集美術館蔵）

ダーのねじれが見られる。

「オレステイア」の二番目の悲劇『コエポロイ（供養するものたち）』では、クリュタイムネストラは冷酷にも娘のエレクトラを奴隷と同様に扱う。報復の予感に怯《おび》えて悪夢を見る小心な一面をのぞかせもするが、息子のオレステスが亡くなったという いつわりの知らせに、悲しげな表情を浮かべながらも、内心では喜びを禁じえない冷血な母親である。父殺しの仇を討とうと自分に迫りくる息子に対して、クリュタイムネストラは乳房を露《あらわ》にし、母性に訴えて助命を嘆願する。「オレステイア」の三番目の悲劇『エウメニデス（恵み深い女神たち）』では、クリュタイムネストラはあの世で亡霊となってからもなお、自分を死に追いやった息子に恨みを抱き続ける執念深い母親なのである。

図は、オレステスがアイギストスを討つ場面を描いている。右端のエレクトラは弟を励まし、左端のクリュタイムネストラは、情夫を守ろうとして、両刃の斧を手にわが子に駆け寄る。

この陶器画はアイスキュロスの三部作よりも前に制作された。

伝説の変容

アイスキュロスのクリュタイムネストラ像を『オデュッセイア』のそれと比較すると、負の側面の肥大化が際立つ。しかし、彼女のイメージは一気に激変したわけではない。その間には、二〇〇年から三〇〇年という長い歳月が横たわっている。トロイア伝説の話形は、ホメロスによってその大枠が固められたが、それによって神話の流動性や柔軟性が失われたわけではない。ホメロス以降も細部は継続的に変更され、エピソードや人物にさまざまな異同が生じ、脇役が追加された。トロイア伝説のなかでも特に英雄たちの帰国に関する部分は、時代の変化とともに変容を蒙《こうむ》り、それに伴ってクリュタイムネストラ像も変貌を遂げたのである。

伝説の再編成が活発に行なわれたのは、抒情詩の時代である。その過程で大きな影響を及ぼしたのは、合唱抒情詩人のステシコロスである。「ホメロスやヘシオドス以後、他の詩人たちの書くものはとりわけステシコロスと一致する」という後二世紀頃のパピルス断片の証言は、この詩人の影響力の大きさを窺わせる。

古典期に開花した悲劇は、伝統的な叙事詩とは異なる話形を採用ないしは展開することが少なくなかった。そして実際、ステシコロスに由来すると推測される、筋や細部の改変もいくつかある。たとえば悲劇詩人エウリピデスの『ヘレネ』(前四一二年)は、叙事詩とはまったく異なる話形を基にしている。すでに述べたように『イリアス』と『オデュッセイア』が前提としているのは、ヘレネがパリスとともにトロイアに渡り、その地に一〇年間滞在したという伝説である。しかしエウリピデスでは、トロイアに渡ったのはヘレネ本人ではなかった。悲劇『ヘレネ』では、パリスとともにトロイアに向かったのは実はヘレネと瓜《うり》二つの幻影にすぎず、本人はその間ずっとエジプトにかくまわれていたという設定で筋が展開される。つまり結局のところ、トロイア戦争は雲でできた幻影をめぐる虚しい戦いであったということになるのであるが、この荒唐無稽なストーリー展開はエウリピデスの独創的な着想ではなく、ステシコロスの『パリノディア(歌い直しの歌)』の話形の踏襲である。プラトンの『パイドロス』によると、ステシコロスはヘレネをあしざまに語る詩を作ったために失明したが、前言を撤回するために、ヘレネは実際にはトロイアに行かなかったという内容の『パリノディア』を作ったところ、詩人はたちまち視力を取り戻したという。

ステシコロスの果たした役割は、クリュタイムネストラに関する伝承についてもやはり大きかったものと思われる。彼の合唱抒情詩『オレステス物語』は、現在ではその断片がわずかに残るにすぎず、詩の全容を窺うことはとうていできない。しかしそれでも、悲劇のなかのモチーフのいくつかは『オレステス物語』に由来すると指摘されている。

たとえばステシコロスの詩句（fr. 219 Davies）では、クリュタイムネストラは、血まみれの大蛇が自分のほうに近寄ってくる夢を見る。アイスキュロスはこの悪夢のモチーフを、ドラマの展開に活用した。すなわち、三部作「オレステイア」の二番目の悲劇『コエポロイ』でクリュタイムネストラは、蛇を生んでその蛇に乳房を咬まれるという悪夢にうなされ、供養のために夫の墓に娘のエレクトラを差し向ける。そしてまさにその墓前で、エレクトラは弟のオレステスと劇的な再会を果たすのである。オレステスは幼いうちに他国に追放されていたが、成長して、仇討ちのために故国に舞い戻ってきていた。姉が弟のひそかな帰国を知ったきっかけは、彼が墓前に供えたひと房の髪であった。髪の毛のモチーフはすでにステシコロスの『オレステス物語』で用いられていたと、古代の注釈は伝えている。

動機の追及

『オデュッセイア』ではアガメムノン殺害の脇役でしかなかったクリュタイムネストラが、悲劇作品では犯行の主役に転じている。このような役割転換が成立するためには、彼女に強い動機が必要になる。動機に関して悲劇が前提としているのは、次のような伝説である。トロイア遠征軍が最初にアウリスの港に結集したとき、アルテミス女神の怒りが船出を妨げたため、予言者の忠告に従って、アガメムノンの娘イピゲネイアが生贄に捧げられた。クリュタイムネストラは、愛娘を出陣の犠牲に供した夫に深い怨念を抱き、それが後に彼女を夫殺しに駆り立てたという。

悲劇では、イピゲネイアの犠牲のエピソードはクリュタイムネストラの犯行の動機として、このように緊密に結びつけられている。しかし『イリアス』は、娘の犠牲のエピソードにまったく触れていないばかりではなく、アガメムノンの娘の名についても、それをイピゲネイアではなくイピアナッサと伝えている。

けれども、父親が娘を生贄に供する話が明言されていないという理由でホメロスがこのエピソードを知悉《ちしつ》していなかったということはできない。叙事詩の環の冒頭に置かれる『キュプリア』は、遠征軍がアウリスに二度目に結集したとき、アキレウスとの結婚を口実にアガメムノンが自分の娘を呼び寄せ、彼女を生贄に捧げようとしたこと、そしてアルテミス女神が祭壇の上の乙女を救い出してシカと入れ替えたことを伝える。『キュプリア』はホメロス以後に成立した作品ではあるが、叙事詩の環とホメロスの関係の研究によると、イピゲネイアの犠牲の伝承は『イリアス』以前に成立していた可能性が高い。そうであるならば、ホメロスもイピゲネイアの犠牲の話を熟知していたと考えられる。けれども、父が娘を生贄に捧げるという遠征初期の出来事と、妻が夫を暗殺するという戦後の事件とを、ホメロスも『キュプリア』も因果応報的に直結させてはいない。

この二つの出来事の関連づけは、叙事詩の時代よりも後に生じた。これらを結びつけてクリュタイムネストラの動機を強化する方向へと伝説の細部を変更するプロセスは、抒情詩の時代に進行したものと思われる。イピゲネイアの名はステシコロスの断片（fr. 215 Davies）に現れるが、それがどのような文脈においてであったかは推測の域を出ない。一方、ピンダロスは『ピュティア祝勝歌』第一一歌で、クリュタイムネストラが夫を惨殺するに至った動機に思いをめぐらす。彼女が夫を攻撃したのは、彼が娘を生贄に捧げたことに深い怨恨を抱いたためか、それとも夫以外の男との情交に屈したためかと、ピンダロスは彼女の動機を忖《そん》度《たく》する。

クリュタイムネストラの動機は、ここでは疑問形で提示されている。詩人が断定を避けて疑問形を採用した理由は、単なる修辞的要請に求められるのかもしれない。しかし、彼女の犯行動機と過去に行なわれた娘の犠牲との因果関係は、詩の受容者（聴衆）にとってまだ一般的な共通認識になっていなかったのではないだろうか。そのために、詩人はあえて疑問形という表現方法を採ったのではないかとも考えられる。

『ピュティア祝勝歌』第一一歌の創作年代には、前四五四年と前四七四年の二つの説がある。前者であれば、この祝勝歌はアイスキュロスの『アガメムノン』（前四五八年上演）の四年後に創作されたと解されるが、後者であれば、この悲劇に先行する作品であるということになる。創作年代の問題にかりに決着がつけば、祝勝歌と悲劇作品との先後関係が明らかになり、クリュタイムネストラの犯行動機がイピゲネイアの犠牲と緊密に結びつけられた時期についてももう少し見通しがつくであろう。

クリュタイムネストラの「夫を殺した悪女としての忌わしい歌」が『オデュッセイア』以降、古典期のディオニュソス劇場の舞台に響くようになるまでの間に、いつどのような改変が伝説に加えられていったか、その詳細はまだ謎のベールに包まれている。

とはいえ、すべての女性の模範として肯定的に描かれるペネロペと、忌避すべき反面教師として否定的に描かれるクリュタイムネストラという対比的な提示方法には、家父長制の道徳理念が具現されている。神話に託されたメッセージは、人々を暗黙のうちに教化し、伝説に内在する価値観と倫理は内なる家父長制として浸透していく。古代ギリシア社会における家父長制の強化の過程とクリュタイムネストラの変容の軌跡に重なりあう部分があったと考えるのは、あまりにも穿《うが》ちすぎであろうか。

おわりに――ギリシア人と神話

ギリシア人にとって神話とは

ギリシア神話には、本書で紹介しきれなかった話がまだまだたくさんある。あまりにも多すぎるため、大幅に割愛せざるをえなかったが、最後に、古代ギリシア人にとって神話とは何かという問題を考えてみたい。

ひと口に古代といっても、前八世紀頃から後七世紀中葉とされる古代の終焉まで、およそ一四〇〇年以上もの時間の幅がある。この膨大な時の流れのなかで、ギリシアの政治、経済、社会、文化は大きく変化した。それに伴ってギリシア人の価値観も思考も、そして神話の内容も意味も当然、変貌した。したがってギリシア人にとって神話とは何かという問題も、どの時代を取り上げるかによってその答えは異なる。また、ある一つの時期に焦点を絞ったとしても、人々の神話の受け止め方は一様ではなく、身分や社会階層あるいは知的水準などによって、それぞれに違っていたはずである。このように考えると、ギリシア人にとって神話とは何かという問いは、容易に答えの出せない難しい問題である。

とはいえ、やはり一言でいうとどうなのかと、性急に答えを求めたくなるものである。そこで、いささか乱暴で雑駁《ざっぱく》なものにすぎないが、現在の筆者なりの答えを述べれば、ギリシア神話は、宇宙や自然、神々、人間、動植物などこの世界を構成するすべての事物や現象を、物語形式によって説明しようとした古代ギリシア人の思惟《しい》の結晶の一つであったと思われる。

神話はよく哲学と比較される。神話的思考は哲学における理性的思考に比べて原始的かつ単純素朴で幼稚なものと見なされた時期もあった。しかし、イギリスの著名な古典学者リチャード・バクストンが編集した『神話から理性へ?』(一九九九年)という書物の表題に疑問符がついているように、近年は神話の思想的価値が再検討されている。

神話がギリシア人の思惟を盛りこむ器であったとすれば、その社会的機能はどのようなものであったのだろうか。今も昔も人は人生行路の途上でさまざまな困難に直面し、幾多の危機に見舞われる。そのようなとき、ギリシア人がその対処法を探り、人はいかに生きるべきかを学び、人生の指針を見いだそうとした拠り所は神話だったのではないだろうか。というのは、『イリアス』のなかで神話がどのように扱われているかを調査した研究によると、『イリアス』における神話は、おもに人を教え諭すような文脈で用いられているからである。すなわち、神話には教訓話としての機能があったのであり、虚構の世界のなかだけではなく現実の生活においても、神話の教訓的機能は遺憾なく発揮されたことであろう。人はいかに生きるべきかのモデルを提供したり、人生の迷いに解決の糸口を与えたりする機能を、古代の人々は神話に見いだした。選択すべき人生の方向を照らす水先案内として、あるいは逆に、進んではならない方向をあらかじめ示す警告として、神話伝説は親から子へ、子から孫へと語り継がれたのである。

批判と受容

では、すべての人が神話を額面どおりに受け止めたのか、あるいは、誰もが神話を信じていたのかというと、そうとはいいきれない。神話を批判する声は、早くも前六世紀に出現している。たとえば、ソクラテス以前の哲学者のクセノパネス（前五七〇頃－前四七五頃）は、ホメロスやヘシオドスの擬人的な神の観念と、盗みや姦通やだましあいを行なう神々の不道徳性を鋭く批判した。

他方、神話は過去の物語でもあるため、歴史との関係も問題になる。神話のなかでは、民族の歴史とフィクションとは厳密に区別されなかった。たとえばトロイア伝説の成立の背後にはその核となる戦争が現実にあったと仮定されうるが、史実としての戦争と伝説中の架空の戦争の間にどのような境界線を引くべきかという問題に明快な回答はない。史実と虚構は未分明のまま物語世界のなかに混在している。

しかし前五世紀になると、現実と虚構の差異と境界が意識されるようになる。歴史家のトゥキュディデス(前四六〇／五五－前四〇〇)はペロポンネソス戦争を叙述するにあたって、空想的な神話伝説を自覚的に排除した。聞いて楽しい話つまり神話を書く人を、彼は非難する。そしてトゥキュディデスは、自分の書くものは物語的な要素が欠けているために面白くはないが、後世の人々にとって有益なものになるであろうと述べて、作りごとの神話と歴史的事実とをできるだけ明確に区別しようとする姿勢を貫いた。

神話への批判はこのように比較的早い時期に生じたが、クセノパネスやトゥキュディデスのような態度が多くの一般庶民に共有されていたかとなると、それはやはり疑問である。むしろ大衆にとって、神話伝説は規範的な性格を帯びていたといってもよい。というのは、少なくともホメロスから古典期あたりまでは、神話を素材として文学創造を行なう詩人たちは一般に、人生の教師あるいは社会の精神的指導者と見なされたからである。過去の英雄たちの知恵や勇気に満ちた行動や、傲慢な人間に対する神の懲罰などを語る詩人は、人々に生きるべき道を示し、人間としての振る舞いを教える存在であった。

その詩人たちの語り口はというと、きわめて暗示的な表現に満ちていた。古代には、神話の聞き手や読み手たちは、詩人のほんのちょっとしたほのめかしだけで十分に物語の全貌を想起することができた。なぜならギリシア人は幼い時期から神話を聞き、ホメロスの詩を暗唱し、神像を仰ぎ、神話場面を描いた公共建築物や陶器画を頻繁に目にすることによって、日常的に神話世界に親しんでいたからである。神話伝説の知識は、古代ギリシア人にとって常識あるいは教養となっていた。したがって詩人たちは、聴衆や読者が神話伝説を少なくとも大筋だけでも熟知しているという前提に立って文学創造を行なうことができた。ギリシア人ならば誰もが教養として神話や伝説を一定程度は知っている、そういう暗黙の了解のもとに古代ギリシア文学は成立しているのである。

娯楽としての神話

訓話としての神話の機能、あるいは人生の教師としての詩人の役割、教養としての神話と聞くと、神話伝説は説教臭に満ちたすこぶる退屈なものに見えてくる。だが実際には、ギリシア神話は退屈どころか、大いなる娯楽であった。ホメロスの叙事詩のなかでも、神話は王侯貴族の宴会の余興や運動競技会の際の娯楽の場で語られ、朗誦されている。神々や英雄、美男美女、怪物たちが繰り広げる「お話」は文句なしに楽しい。わくわくする恋物語やはらはらする冒険談、そして適度なスパイスとしてときに滑稽な要素も散りばめられた神話伝説は、古代の最大のエンターテインメントでもあった。

このような娯楽的側面は、時代が下るにつれて、先に述べた教訓的機能や教養的性格よりもむしろ優勢になっていった。その典型ともいえるのが、ローマの詩人オウィディウスの『変身物語』である。少なくとも古典期までのギリシア神話は、人間の残虐性や内面の闇のような重苦しい要素を内包していた。たとえばギリシア悲劇では、舞台の上で残虐な場面が実際に演じられることこそなかったものの、痛ましい自害やおぞましい殺人を含む物語が繰り広げられた。のみならず、嫉妬や怨念のような暗く醜い感情も表現された。

しかし、ギリシア神話に内包された残虐性や暗黒の情念は、時の経過につれて次第に影をひそめていく。サービス精神旺盛なオウィディウスの語る物語は、ギリシアで親しまれていた神話伝説を素材にしながらも、その内容と調子は軽やかなものとなり、都会的な洗練された雰囲気に包まれている。『変身物語』に登場する神々や英雄たちはギリシアの詩人たちの作品の登場人物と同じ名前を持っていても、その内実はより世俗的な性格を帯びている。

後世のヨーロッパ文化におけるギリシア神話の受容という点から見ると、本家本元のギリシアの詩人たちが語ったギリシア神話よりも、いわば分家のラテン文学における神話のほうが圧倒的に大きな影響を及ぼした。ウェルギリウスやオウィディウスの人気は、ルネサンスが幕を開ける以前から高まりを見せ始めていた。そしてルネサンス時代以降のヨーロッパの芸術で最も大きな役割を演じた神話伝説は、ホメロスでもヘシオドスでもギリシア悲劇でもなく、ロマンティックで親しみやすい語り口で読者を楽しませるオウィディウスの『変身物語』を経由していたのである。

あとがき

数年前、NHK名古屋文化センターでギリシア神話についての講座を初めて担当した。そのとき、稚拙な話術を補うために、神や英雄あるいは神話の一場面を取り上げた絵画と彫刻を受講生の方々に見ていただきながら話を進めた。古代ギリシアの多くの陶器画や彫刻が神話を素材にしているのは当然だが、調べてみると、ルネサンス以降のヨーロッパ芸術のなかにも神話画が思いのほかたくさんあることに気づいた。また、講座がすむと「以前にルーヴルでこの絵を見ましたが、これがそんな話を描いたものだったとは知りませんでした」と喜んでくださる受講生の方もおられて、とても励まされた。本書で図版を取り入れたのは、このときの経験に基づく。

その後、名古屋大学で非常勤講師として「特殊研究」という科目を担当することになり、ギリシア神話をテーマに取り上げたところ、予想以上に多くの学生たちが熱心に受講してくれた。彼らの思いがけない質問や力のこもったレポートは興味深かった。また学生たちは、ギリシア神話に由来する名のキャラクターたちが活躍する『聖闘士星矢《セイントせいや》』という漫画とアニメが一九八〇年代後半に流行していたことも教えてくれた。

ちょうどその頃、『マンガギリシア神話』の解説執筆のお話をいただき、小学生のときから大好きだった漫画家の里中満智子さんに、ひょっとしたらお目にかかれるかもしれないと、なかばミーハー的な関心とともに二つ返事でお引き受けした。この期待は十分に満たされた。のみならず、この仕事と連動する形でよみうり日本テレビ文化センター恵比寿での講座も担当することになった。月に一回の講座を約半年間続けるうちに、この解説と講座をもう少しふくらませて一冊の本にしたいといつしか願うようになった。

ギリシア神話というタイトルの本はこれまでにも数多く出版されている。しかしながら、再話の寄せ集めでもなく、神話学的な解釈ばかりでもなく、できればわたしの専攻分野である古代ギリシア文学に引きつけながらギリシア神話を紹介し、読者が楽しく読める本を書きたいと、長年考えていた。

そんな折、昨年四月にNHK文化センター青山教室で「ギリシア神話を探検する」という講座を担当させていただく機会に恵まれた。このときの原稿をもとに、構成と内容に大幅な変更を施し、神話画を挿入したいという希望を入れていただいて出来上がったのが本書である。本書をきっかけに、ホメロスや悲劇やオウィディウスなど、西洋古典文学に関心を寄せてくださる方が少しでも増えるならば、望外の喜びである。

ささやかな書物であるが、多くの方々の恩恵のうえになりたっている。まず、いい尽くせぬほど多大の学恩を頂戴した松平千秋先生と故岡道男先生。不肖の弟子ながらも、なんとか西洋古典文学に関連する小著を世に送り出すことができた。

京都大学大学院文学研究科教授の中務哲郎先生には学生時代からずっとお世話になってばかりで、今回も、先生は未完成の拙稿を読むために貴重なお時間を割いてくださったうえ、あたたかい励ましとともに、いくつかの誤りを正してくださった。それでもなお残る誤りはひとえに著者の浅学と不注意に原因があることはいうまでもない。本書を執筆するにあたって、故中村善也先生とのご共著の『ギリシア神話』から多くのことを学び、参考にさせていただいたことも感謝をこめて付記しておきたい。

原稿完成に至るまでの右のような経緯から、次の方々にも心からお礼を申し上げる。名古屋大学大学院文学研究科の小川正廣教授と吉武純夫助教授には、「特殊研究」担当の機会を頂戴した。『マンガギリシア神話』の編集を担当してくださった中央公論新社の宮坂龍氏と、よみうり日本テレビ文化センター恵比寿でお世話になった中央公論新社の柴一美氏からは、あたたかい励ましをいただいた。また、NHK文化センター青山教室の西沢国雄氏には上京のたびにひとかたならぬお世話になったが、構成面でヒントを与えてくださったことに特に

にも謝辞を捧げる。そして、文化センターや大学で拙い講義を聴いてくださった受講生の方々にもお礼を申し上げたい。

『パスカルの隠し絵』（中公新書）の著者で愛知県立大学大学院国際文化研究科教授の小柳公代先生には、新書執筆の先輩として有益なアドバイスをいただいた。そして私事ではあるが、精神面でずっと支えてくれた家族と両親にも感謝。

一冊の本を完成させるまでに、予想以上の時間がかかった。中島みゆきの『短篇集』に収められた「夢の通り道を僕は歩いている」を通勤途上で毎日のように聞きながら、「ゆき暮れているうちに気配さえ見失う」状態に陥ったり、「夢に見切りをつけ引き返したならば」と気弱になったりすることもあった。けれども、「夢だけを照らし」続けてくださったのは、中公新書編集部の松室徹氏であった。氏は構想の初期の段階からあたたかく見守り、わたしのカタツムリのような緩慢な歩みを忍耐強く待ってくださっただけではなく、目から鱗が落ちるようなコメントと適切な改善案をたくさんくださった。本書が陽の目を見ることになったのは、ひとえに編集者の力量の賜物である。衷心よりお礼を申し上げる。

二〇〇五年三月　青い空に黄色いミモザが美しい日に

西村賀子

もっと知りたい読者のためのブックガイド

リトールド(再話)によるのではなく、古代ギリシア・ラテン文学の作品を読むことによってギリシア神話の尽きぬ魅力をじかにじっくり味わっていただきたい、そういう願いから、ギリシア神話についてもっと知りたいという読者のためのブックガイドを以下に記す。

最初に、本書で引用や言及をした文学作品の邦訳をあげる。

ホメロス『イリアス』全二冊、松平千秋訳、岩波文庫、一九九二年
ホメロス『オデュッセイア』全二冊、松平千秋訳、岩波文庫、一九九四年
岡道男『ホメロスにおける伝統の継承と創造』創文社、一九八八年(プロクロスによる叙事詩の環の梗概の邦訳を含む)
ヘシオドス『神統記』廣川洋一訳、岩波文庫、一九八四年
ヘシオドス『仕事と日』松平千秋訳、岩波文庫、一九八六年
『ホメーロスの諸神讃歌』沓掛良彦訳、ちくま学芸文庫、二〇〇四年
アルクマン他『ギリシア合唱抒情詩集』丹下和彦訳、京都大学学術出版会、二〇〇二年(ステシコ

ロス、バッキュリデスを含む)
沓掛良彦『サッフォー 詩と生涯』平凡社、一九八八年
ピンダロス『祝勝歌集/断片選』内田次信訳、京都大学学術出版会、二〇〇一年
『ギリシア悲劇全集』全一四巻、松平千秋・久保正彰・岡道男編、岩波書店、一九九〇-九三年
ヘロドトス『歴史』全三冊、松平千秋訳、岩波文庫、一九七一年
アポロニオス『アルゴナウティカ』岡道男訳、講談社文芸文庫、一九九七年
アポロドーロス『ギリシア神話』高津春繁、岩波文庫、一九五三年
ウェルギリウス『アエネーイス』岡道男・高橋宏幸訳、京都大学学術出版会、二〇〇一年
オウィディウス『変身物語』全二冊、中村善也訳、岩波文庫、一九八一年

なお、西洋古典文学について詳しく知りたい読者には、松本仁助・岡道男・中務哲郎編で世界思想社刊の『ギリシア文学を学ぶ人のために』(一九九一年)と『ラテン文学を学ぶ人のために』(一九九二年)が有益である。

次に、ギリシア神話に関する日本語の書物では、中村善也・中務哲郎『ギリシア神話』(岩波ジュニア新書、一九八一年)がわかりやすく読め、内容も充実している。高橋宏幸『ギリシア神話を学ぶ人のために』(世界思想社、二〇〇六年)という本もある。主要な神話をほとんどすべて網羅

した再話スタイルの入門書は、高津春繁『ギリシア神話』（岩波新書、一九六五年）である。漫画で神話を読みたい方には、文庫版でも読める里中満智子『マンガギリシア神話』全八巻（中央公論新社、一九九九－二〇〇一年）をお勧めする。筆者による巻末解説の内容の一部は本書と重複する。

神話画の図版を集めた諸川春樹監修『西洋絵画の主題物語　II神話編』（美術出版社、一九九七年）は、各テーマの図版をくまなく網羅しているわけではないが、どんな神話画があるかを知るのに便利である。長田年弘『神々と英雄と女性たち』（中公新書、一九九七年）は、戦闘場面を描いた陶器画を中心に神話を語る好著である。

第二章で述べた先史時代の大女神については、マリヤ・ギンブタス『古ヨーロッパの神々』（鶴岡真弓訳、言叢社、一九九八年）に詳しいほか、リーアン・アイスラーの『聖杯と剣』（野島秀勝訳、法政大学出版局、一九九一年）と『聖なる快楽』（浅野敏夫訳、法政大学出版局、一九九八年）も参考になる。

オリンピックについては、村川堅太郎『オリンピア』（中公新書、一九六三年）と、桜井万里子・橋場弦編『古代オリンピック』（岩波新書、二〇〇四年）が有益である。オリュンピアのゼウス像に関するディオン・クリュソストモスのコメントは、ポリット『ギリシャ美術史』（中村るい訳、ブリュッケ、二〇〇三年）によった。

本書第五章では、伊藤進『怪物のルネサンス』（河出書房新社、一九九八年）、吉田敦彦他『怪物――イメージの解読』（河出書房新社、一九九一年）所収の尾形希和子「海の豊穣――二叉の人魚像をめぐって」のほか、若桑みどり『イメージの歴史』（放送大学教育振興会、二〇〇〇年）と、エドワード・サイード『オリエンタリズム』全二巻（今沢紀子訳、平凡社、一九九三年）が参考になった。

第六章のテーマについては、野尻抱影『星の神話・伝説』（講談社学術文庫、一九七七年）が今なお、古典的入門書である。

ギリシア文化のジェンダー的解釈の書物はあまりない。エヴァ・C・クールズ『ファロスの王国』全二巻（中務哲郎・下田立行・久保田忠利訳、岩波書店、一九八九年）は、陶器画の分析に基づいて古典期アテナイの文化と社会を考察する。ポーリーヌ・シュミット＝パンテル、ジョルジュ・デュビィ、ミシェル・ペロー編『女の歴史〈一〉古代一』および『女の歴史〈一〉古代二』（杉村和子・志賀亮一訳、藤原書店、二〇〇〇－二〇〇一年）は、古代ギリシア・ローマの女性を多角的に考察する有益な論集である。また、古典期アテナイの女性の実態は、桜井万里子『古代ギリシアの女たち』（中公新書、一九九二年）によってよく理解できる。

最後に、執筆に際して参照した主要な外国語文献をあげる。

Bowra, C. M. (1961) *Greek Lyric Poetry. From Alcman to Simonides* (Oxford).
Burkert, W. (1992) *The Orientalizing Revolution: Near Eastern Influence on Greek Culture in the Early Archaic Age* (Cambridge, Mass.).

Buxton, R. (1999) ed. *From Myth to Reason? Studies in the Development of Greek Thought* (Oxford).（「おわりに」で言及した書物）
Edmunds, L. (1990) ed. *Approaches to Greek Myth* (Baltimore).
Graf, F. (1985) *Griechische Mythologie : Eine Einfuhrung* (München).
Hammond, N. G. L. (1970) ed. *Oxford Classical Dictionary* (Oxford).
Kirk, G. S. (1974) *The Nature of Greek Myths* (Harmondsworth).（カーク『ギリシア神話の本質』辻村誠三・松田治・吉田敦彦訳、法政大学出版局、一九八〇年）
March, J. (1998) *Cassel Dictionary of Classical Mythology* (London).
Martin, R. P. (1989) *The Language of Heroes : Speech and Performance in the Iliad* (Ithaca).
Morford, M. P. O. and R. J. Robert (1977) *Classical Mythology* (New York, 7th ed. 2002).
Panofsky, Dora and Erwin (1962) *Pandra's Box. The Changing Aspects of a Mythical Symbol* (Princeton).（ドーラ&アーウィン・パノフスキー『パンドラの匣』尾崎彰宏・阿部成樹・菅野晶訳、法政大学出版局、二〇〇一年）
Penglase, C. (1994) *Greek Myths and Mesopotamia : Parallels and Influence in the Homeric Hymns and Hesiod* (London).
Reeder, E. D. (1995) ed. *Pandora : Women in Classical Greece* (Baltimore).
Reid, J. D. (1993) *The Oxford Guide to Classical Mythology in the Arts, 1300-1990s* (Oxford).
Swaddling, J. (1980) *The Ancient Olympic Games* (London, 2nd ed. 1999).（ジュディス・スワド

リング『古代オリンピック』穂積八洲雄訳、日本放送出版協会、一九九四年）

Sourvinou-Inwood, C. (1995) 'Reading' *Greek Death: To the End of the Classical Period* (Oxford).
（本書第三章で紹介した論考）

West, M. L. (1983) *The Orphic Poems* (Oxford).

Winkler J. J. and F. I. Zeitlin (1992) ed. *Nothing to do with Dionysos?: Athenian Drama in Its Social Context* (Princeton).

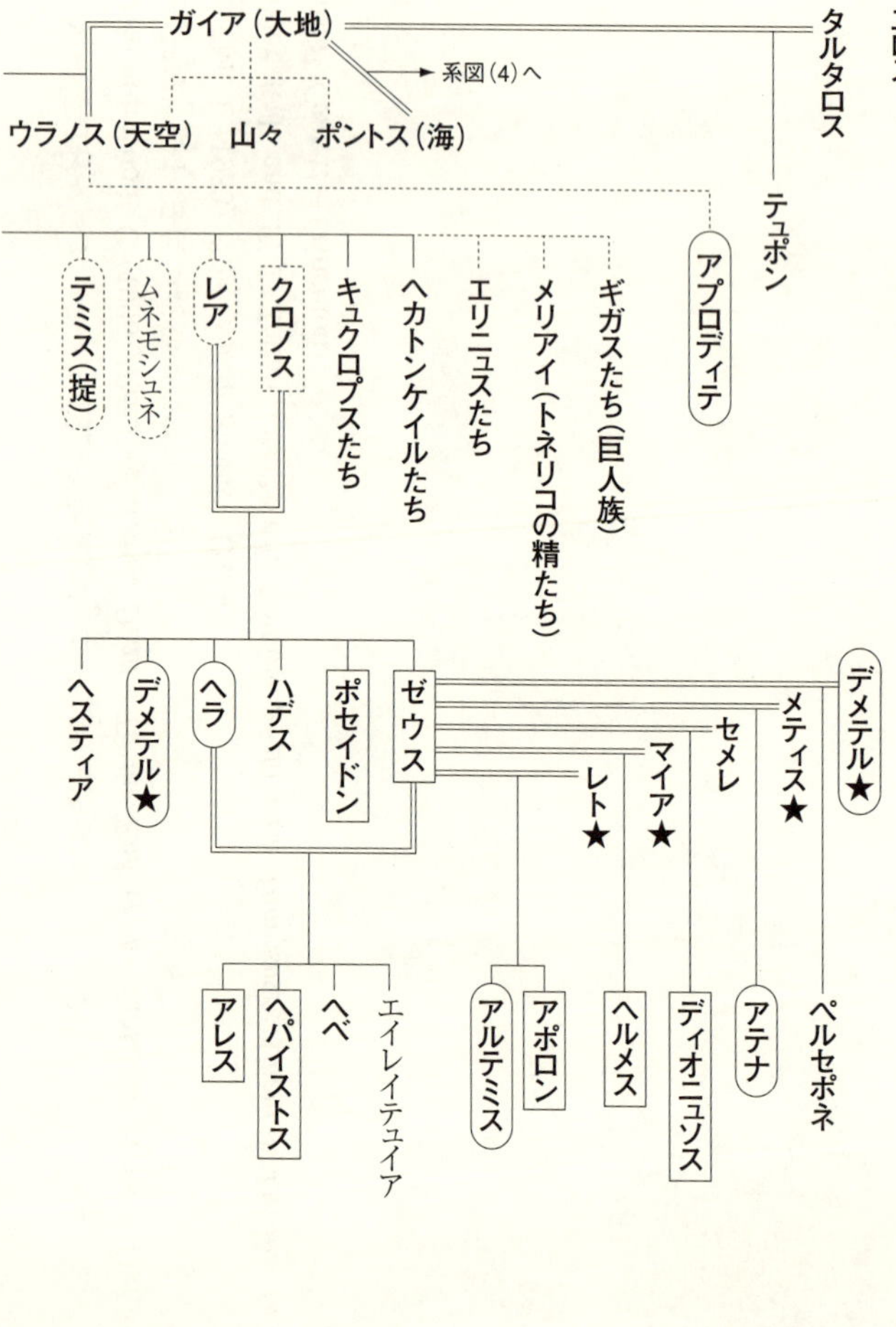

エロス
タルタロス
ガイア（大地）
系図（4）へ
ウラノス（天空）
山々
ポントス（海）
テュポン
アプロディテ
ギガスたち（巨人族）
メリアイ（トネリコの精たち）
エリニュスたち
ヘカトンケイルたち
キュクロプスたち
クロノス
レア
ムネモシュネ
テミス（掟）
デメテル★
メティス★
セメレ
マイア★
レト★
ゼウス
ポセイドン
ハデス
ヘラ
デメテル★
ヘスティア
ペルセポネ
アテナ
ディオニュソス
ヘルメス
アポロン
アルテミス
エイレイテュイア
ヘベ
ヘパイストス
アレス

系図(1)　原初の世界

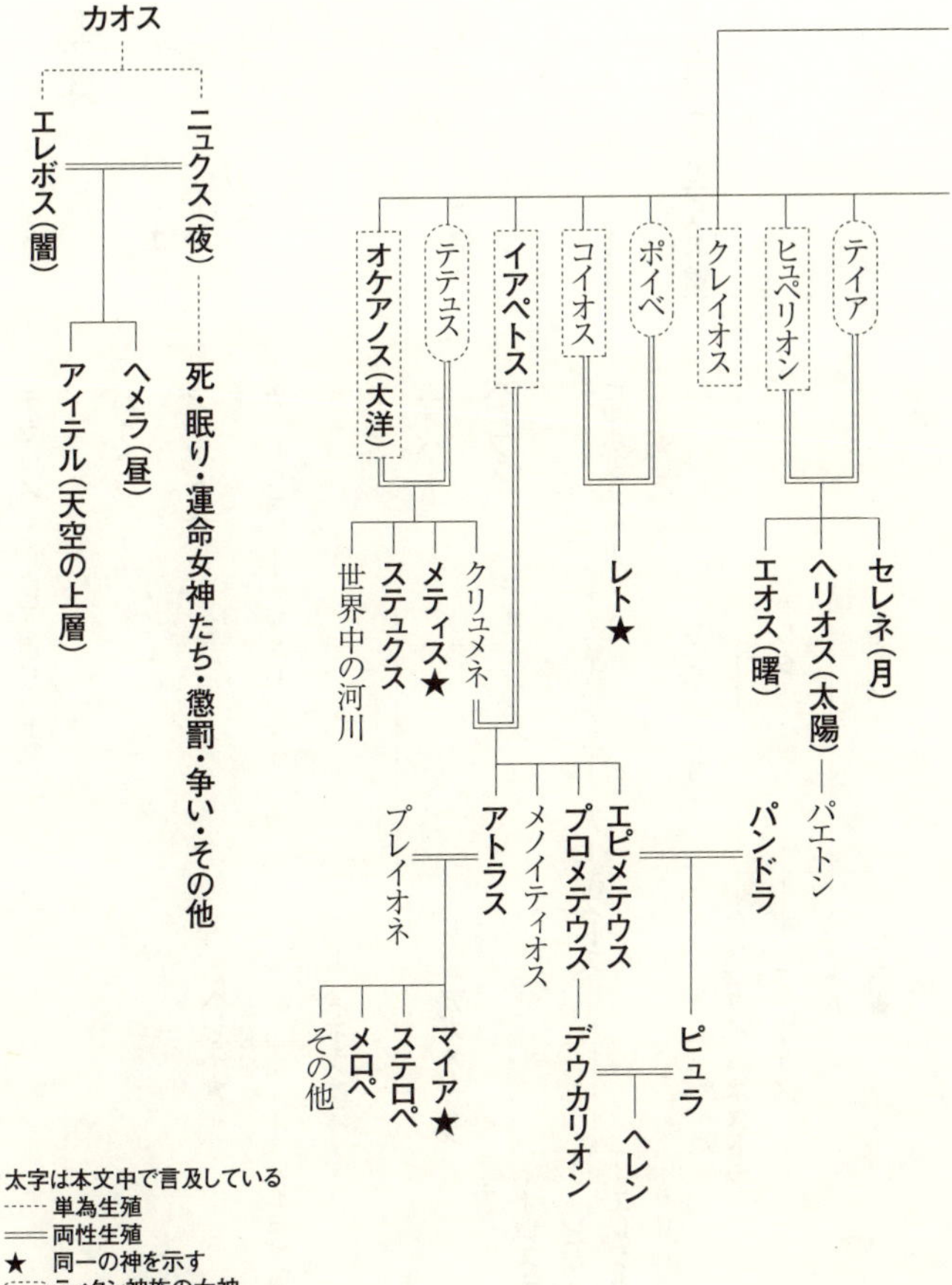

太字は本文中で言及している
------ 単為生殖
═══ 両性生殖
★　同一の神を示す
ティタン神族の女神
ティタン神族の男神
オリュンポス12神の女神
オリュンポス12神の男神

系図(2)　タンタロスとペロプスの家系

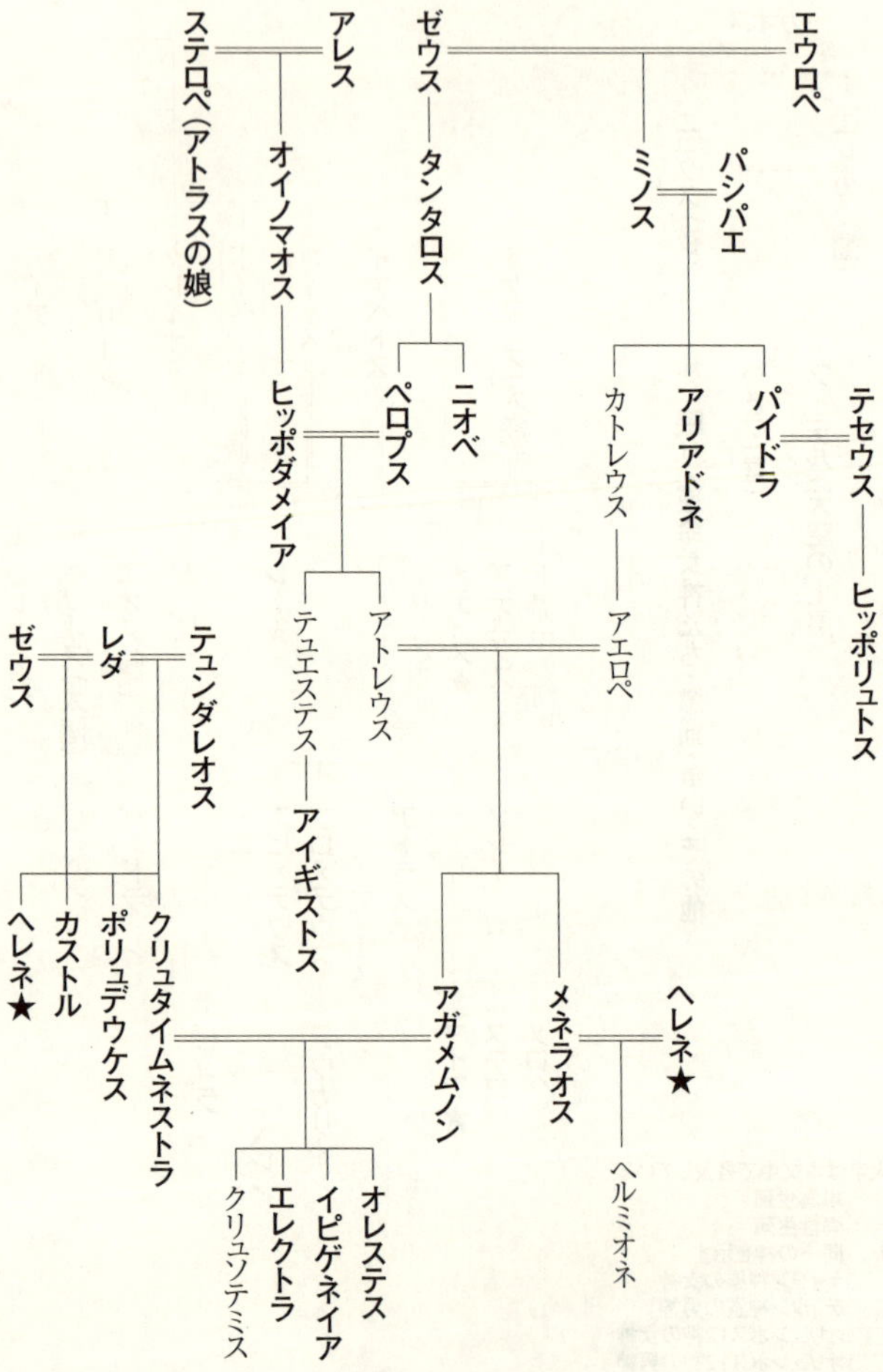

系図(3)　ペルセウスとヘラクレスの家系

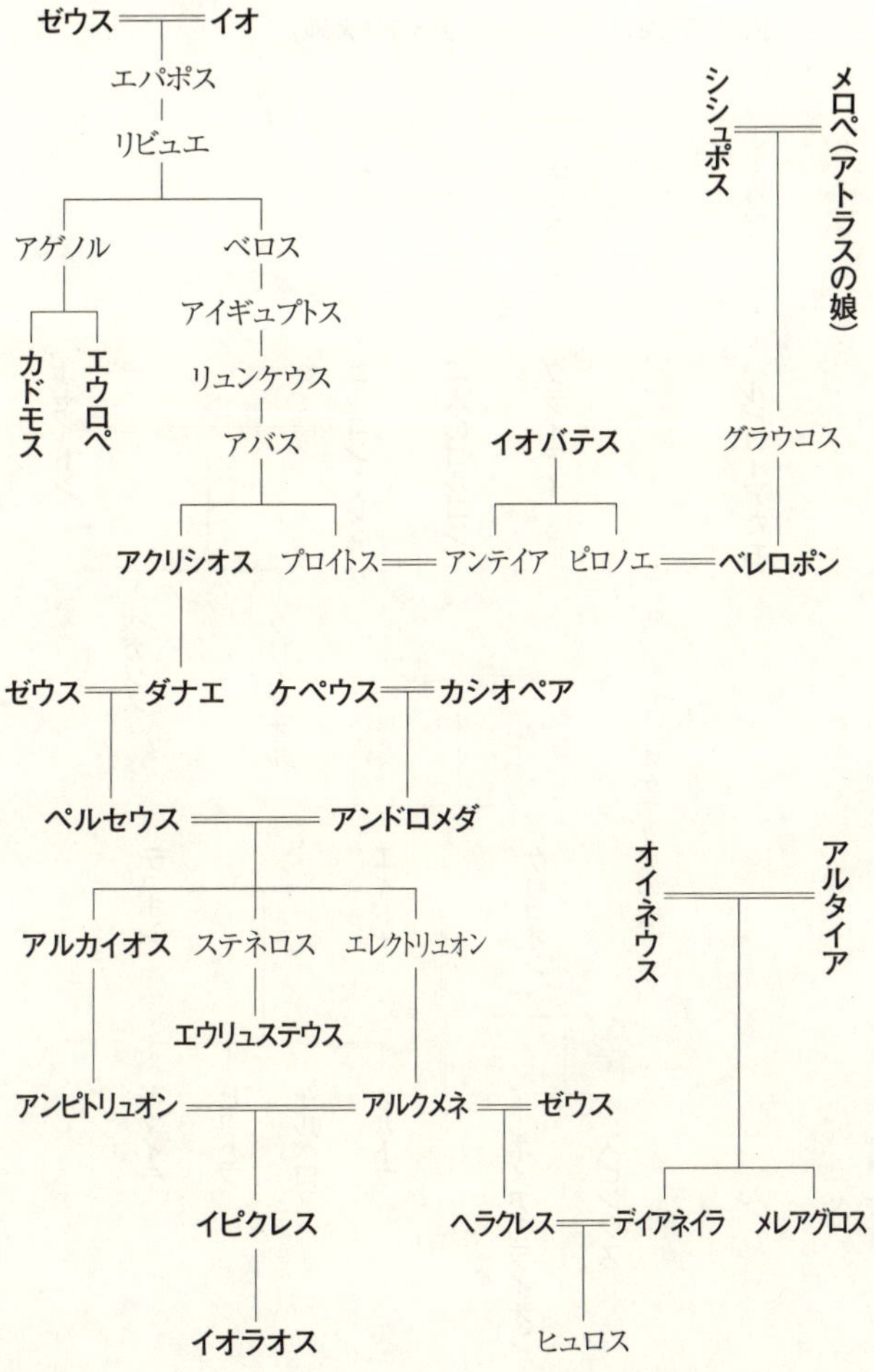
ゼウス
イオ
エパポス
リビュエ
アゲノル
ベロス
カドモス
エウロペ
アイギュプトス
リュンケウス
アバス
シシュポス
メロペ(アトラスの娘)
グラウコス
イオバテス
アクリシオス
プロイトス
アンテイア
ピロノエ
ベレロポン
ゼウス
ダナエ
ケペウス
カシオペア
ペルセウス
アンドロメダ
オイネウス
アルタイア
アルカイオス
ステネロス
エレクトリュオン
エウリュステウス
アンピトリュオン
アルクメネ
ゼウス
イピクレス
ヘラクレス
デイアネイラ
メレアグロス
イオラオス
ヒュロス

系図（4）　ポントス（海）の系譜

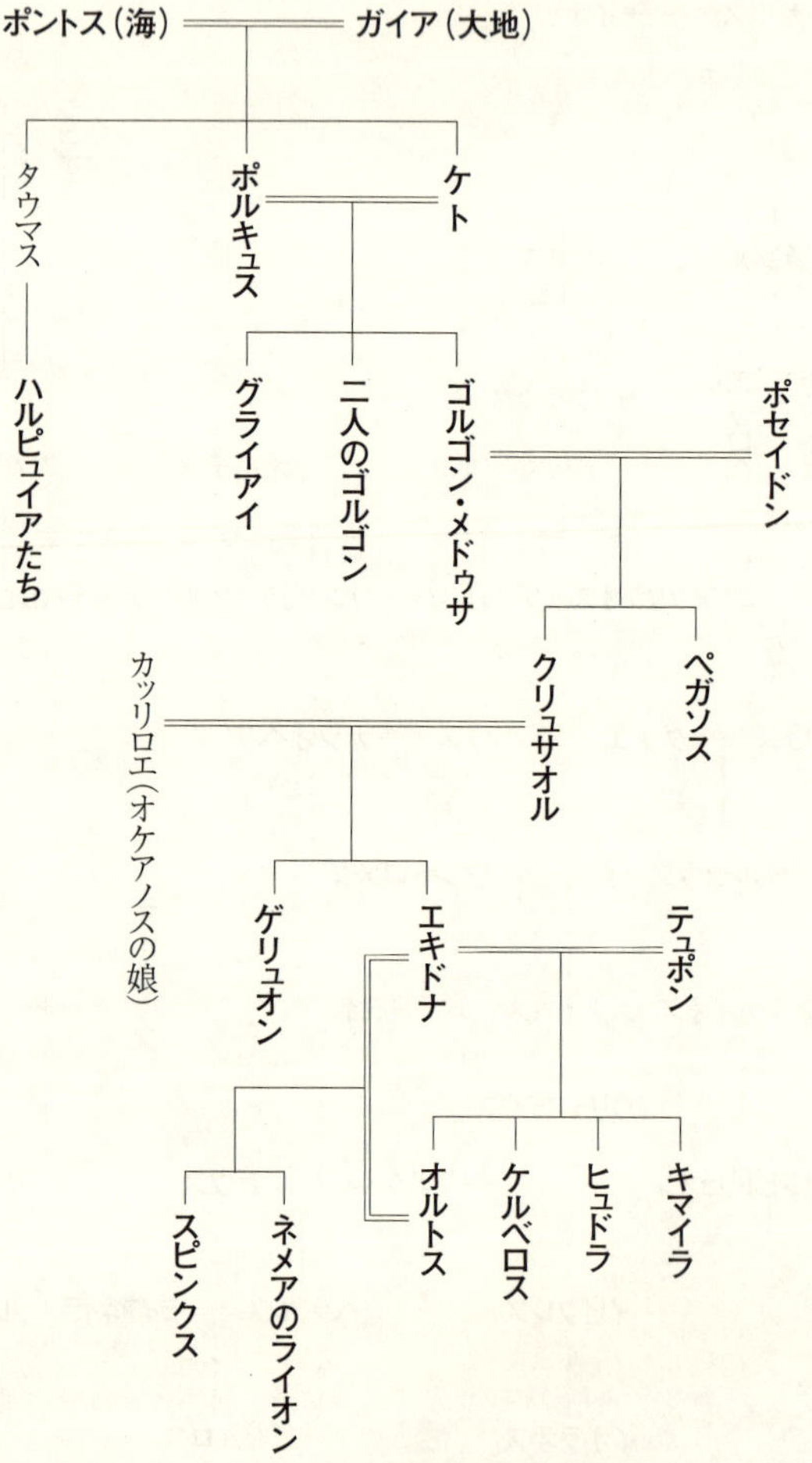

ポントス（海）
ガイア（大地）
タウマス
ポルキュス
ケト
ハルピュイアたち
グライアイ
二人のゴルゴン
ゴルゴン・メドゥサ
ポセイドン
クリュサオル
ペガソス
カッリロエ（オケアノスの娘）
ゲリュオン
エキドナ
テュポン
スピンクス
ネメアのライオン
オルトス
ケルベロス
ヒュドラ
キマイラ

西村賀子（にしむら・よしこ）

1953年（昭和28年），大阪府に生まれる．京都大学文学部卒業．同大学院文学研究科博士課程修了．中京短期大学講師，市邨学園短期大学（現名古屋経済大学短期大学部）助教授，ロンドン大学ユニヴァーシティ・カレッジ古典学科客員研究員，名古屋経済大学教授を経て，現在，和歌山県立医科大学教授．専攻，西洋古典文学．

著書『ホメロス『オデュッセイア』――〈戦争〉を後にした英雄の歌』（岩波書店）
『創成神話の研究』（共著，リトン）
『世界の神話101』（共著，新書館）
『太陽神の研究（下）』（共著，リトン）
『魔女の文明史』（共著，八坂書房）
訳書『ギリシア悲劇全集』第11巻（共訳，岩波書店）
『ギリシア悲劇全集』第12巻（共訳，岩波書店）
『ギリシア喜劇全集』第４巻（共訳，岩波書店）
『ギリシア喜劇全集』第９巻（共訳，岩波書店）
『古典の継承者たち』（共訳，国文社）
『イソップ風寓話集』（共訳，国文社）

ギリシア神話《しんわ》
中公新書 *1798*

2005年５月25日初版
2015年５月25日８版

著　者　西村賀子
発行者　大橋善光

本文印刷　三晃印刷
カバー印刷　大熊整美堂
製　本　小泉製本

発行所　中央公論新社
〒100-8152
東京都千代田区大手町 1-7-1
電話　販売 03-5299-1730
　　　編集 03-5299-1830
URL http://www.chuko.co.jp/

Published by CHUOKORON-SHINSHA, INC.
Printed in Japan　ISBN4-12-101798-6 C1239

言語・文学・エッセイ